Was Katzen wirklich brauchen

Gwen Bohnenkamp

Was Katzen wirklich brauchen

Tips für ein unbeschwertes Zusammenleben

Kosmos

Einleitung

Das meiste, was uns als Verhaltensproblem oder schlechtes Benehmen bei Katzen erscheint, ist in Wirklichkeit absolut normal, natürlich und sogar notwendig für das Wohlbefinden der Katze. Morgens um drei die Wände hochturnen, wild durchs Zimmer toben oder die Wohnzimmereinrichtung zerkratzen – all das ist normal. Katzen sind nun einmal Nachttiere und müssen ihre Krallen schärfen. Um zu verstehen, warum Katzen tun, was sie tun, müssen wir die Welt aus ihrem Blickwinkel betrachten und dürfen ihnen keine menschlichen Beweggründe unterstellen.

Katzen werden häufig unsauber, weil ihr starkes Territorialverhalten sie dazu zwingt, nicht, weil sie rachsüchtig sind. Die Möbel zerkratzen sie, um ihre Krallen zu pflegen, und nicht etwa aus Bosheit.

Dieses Buch beschreibt das normale Verhalten von Katzen und ein Zusammenleben, bei dem man den Katzen auch ein richtiges Katzenleben zugesteht. Natürlich können wir uns nicht von einer Katze terrorisieren und die ganze Nacht wachhalten lassen. Kein Mensch mag sich die ganze Einrichtung zerstören lassen. Andererseits ist es aber auch nicht fair, wenn man von seiner Katze erwartet, daß sie sich anders als eine Katze benimmt, zum Beispiel wie ein Hund oder ein Mensch. Es ist nicht fair und obendrein unmöglich. Man darf Vögel auch nicht fürs Zwitschern bestrafen oder Hunden das Schwanzwedeln verbieten.

Also verbieten wir unserer Katze weder das Kratzen noch wild durchs Haus zu toben, sondern suchen klugerweise Wege, um dieses Verhalten in Bahnen zu lenken, die für alle erträglich sind. Es muß doch eine Umgebung und einen Lebensstil geben, die mit den Bedürfnissen unserer Katze ebenso vereinbar sind wie mit unseren eigenen.

Versuchen wir also, unsere Katze zu verstehen. Behandeln und respektieren wir sie als Katze. Das ist besser, als zu probieren, sie mit Gewalt und Strafen in etwas zu verwandeln, was sie nicht ist und nie sein kann. Betrachten wir also die ganze Sache einmal vom Standpunkt der Katze aus.

1. Böse Katzen gibt es nicht

Wenn ein Katzenbesitzer wegen eines Verhaltensproblems meinen Rat sucht, betrachte ich die Sache von mehreren Seiten.

- Gesundheit: Könnte eine Krankheit der Auslöser für das störende Verhalten sein?
- Verständigung: Wie verständigen sich Katzenbesitzer und Katze miteinander?
- Bedarf: Bekommt die Katze ausreichend Zuwendung und Bewegung?
- Realität: Wie sieht der Alltag aus? Kann die Katze die ihr angeborenen Verhaltensweisen ausleben?
- Vorbeugung: Wie könnte man das Problem vermeiden?

Nehmen wir das alles doch einmal genauer unter die Lupe.

Gesundheit: Abwarten und Tee trinken?

Wer sich viel mit seiner Katze beschäftigt, bemerkt Veränderungen im Verhalten meist umgehend. Gehen Sie nicht davon aus, daß Ihre Katze sich nur deshalb plötzlich anders verhält, weil sie eben ein Biest ist.

Schon wieder Migräne!

Sind Sie nicht selbst reizbar und verstimmt, wenn Sie Kopfschmerzen haben? Wer sich nicht wohl fühlt, ist einfach anders als sonst. Mit einem verdorbenen Magen muß nun mal jeder öfter aufs Töpfchen. Bei abnormem oder plötzlich verändertem Verhalten sollte daher zunächst der Tierarzt aufgesucht werden. Lassen Sie Ihre Katze erst einmal untersuchen. Erst wenn auch Ihr Tierarzt nichts findet, können Sie von einem Verhaltensproblem ausgehen.

Verständigung: Wer benimmt sich hier eigentlich daneben?

Hier geht es um die Verständigung zwischen Katze und Mensch. Viele Katzenbesitzer betrachten ihre Katze als kleinen Menschen im Pelz, der genau versteht, was man ihm sagt. Sie nehmen ihre Katze auf den Schoß und erklären ihr, daß es keine gute Idee ist, Lautsprecherboxen zu zerkratzen.

Häufig entsteht schon daraus ein Problem, daß ein Katzenbesitzer nicht erkennt, was er seiner Katze in Wirklichkeit zu verstehen gibt, und auch selbst nicht versteht, was sie versucht, ihm mitzuteilen. Katzen verstehen die menschliche Sprache nicht automatisch. Sie verstehen je-

doch sehr wohl die Folgen ihrer Handlungen und lernen aus Erfahrung. Es ist daher die einfachste Methode, sich mit einer Katze zu verständigen und ihr etwas beizubringen, wenn man gutes Benehmen sofort belohnt und schlechtes Benehmen für die Katze von Nachteil ist. Das hört sich ganz leicht an. Gutes Benehmen lohnt sich, schlechtes nicht. Aber im täglichen Leben sieht das alles etwas anders aus.

Ein einfaches Beispiel: Sie kommen nach einem harten Arbeitstag nach Hause, fallen auf die Couch und wollen sich in Ruhe die Nachrichten anschauen. Plötzlich erscheint aus dem Nichts Ihre Katze, springt Sie an, hackt ihre Krallen in Ihren Knöchel und rast den Flur entlang. Sie

machen einen Satz, rennen hinterher, schimpfen und versuchen vielleicht sogar, Ihre Katze mit dem Pflanzensprüher naßzuspritzen. Sie sind überzeugt, Ihr Mißfallen sei offensichtlich und das Ganze für Ihre Katze eine Strafe. Aber Ihre Katze sieht das anders. Sie war den ganzen Tag allein zu Hause und hat sich zu Tode gelangweilt. Sie kommen heim und rühren sich nicht mehr. Ihre Katze braucht ein bißchen Anregung und Zuwendung und hat den perfekten Weg gefunden, Sie auf Trab zu bringen. Für Ihre Katze ist das Ganze ein lohnendes Spiel und macht Spaß. Sie haben, unabsichtlich und ohne es zu wissen, Ihre Katze für ihr lästiges Benehmen auch noch belohnt. Ein erstklassiges Mißverständnis.

Ein weiteres Beispiel: Ein Katzenbesitzer kommt nach Hause und findet auf dem Fußboden im Flur eine Pfütze vor. Er packt seine Katze, schreit sie an, stupst ihre Nase in die Pfütze und setzt sie anschließend unsanft in ihr Katzenklo. Er glaubt, er habe seiner Katze eindeutig klargemacht, wo sie eigentlich ihr Geschäft verrichten soll. Sie jedoch lernt daraus, daß er ein unberechenbarer Irrer ist. Manchmal, wenn er heimkommt, ist er liebevoll und zärtlich. An anderen Tagen dagegen ist er aggressiv und gewalttätig. Das verursacht bei der Katze Mißtrauen, Angst und Unsicherheit.

Katzen, die sich unsicher fühlen und Angst oder Streß empfinden, äußern diese Gefühle häufig, indem sie nicht auf ihr Kistchen gehen. Wenn dieses Verhalten nicht richtig eingeschätzt, sondern auch noch bestraft wird, entwickelt sich ein Teufelskreis: mehr Strafen – mehr Streß. Mehr Streß – mehr Pfützen in der Wohnung. Mehr Pfützen – mehr Strafen. Anstatt zur Strafe zu greifen, sollte man den Streßlevel verringern und gutes Benehmen belohnen.

Die meisten Verhaltensprobleme lassen sich tatsächlich durch die Belohnung erwünschten Verhaltens lösen. Eine

Frau rief mich eines Tages an und klagte, daß ihr Kater Robert sein Katzenklo häufig nicht benutze. Zwar sähe sie ihn manchmal auf dem Kistchen, meist jedoch ginge er irgendwo anders hin. Alle ihre Teppiche seien ruiniert und müßten komplett erneuert werden. Sie bestrafe ihn nur dann, wenn sie ihn auch auf frischer Tat ertappe. Sie war der Ansicht, er wisse, daß er etwas Böses getan habe. Aus diesem Grund zögerte sie natürlich zunächst, als ich ihr riet, die Bestrafungen sofort ganz einzustellen. Statt dessen sollte sie Robert, wenn sie ihn tatsächlich auf seinem Kistchen beobachtete, überschwenglich loben und belohnen.

Da alles andere nichts genutzt hatte und es nicht mehr schlimmer werden konnte, gelang es mir, sie zu überreden, das einmal auszuprobieren. Sie versprach, frischen Lachs einzukaufen und Robert zu belohnen, wenn er auf sein Kistchen ging.

Wenige Wochen später kam ein Anruf. Eine begeisterte Stimme am anderen Ende sagte nur: »Robert hat tanzen gelernt.« Es war Freitagabend ... hatte irgend jemand nach ein paar Gläschen die falsche Nummer gewählt?

»Tut mir leid, ich glaube, Sie sind falsch verbunden. Ich kenne keinen Robert, aber es freut mich trotzdem, daß er jetzt tanzen kann.« Daraufhin erinnerte mich die Stimme daran, daß Robert der Kater war, der die Teppiche ruiniert hatte. In Ordnung, dachte ich, aber was geht das mich an? Vielleicht sollte sie sich besser an Hollywood wenden? Sie erzählte mir schließlich, daß Robert sehr schnell begriffen hatte, daß er nur dann Belohnungen erhielt, wenn seine Besitzerin auch merkte, daß er auf sein Kistchen ging. Ab da begann er, sobald er auf sein Kistchen mußte, quer durch das Zimmer einen kleinen Tanz aufzuführen, um abschließend elegant im Katzenklo zu landen. Nur dann war sicher, daß sie auf ihn aufmerksam wurde und er auch seine Belohnung bekam. Das Problem war ohne Strafe gelöst worden.

Spring, oder es setzt was!

Wir können uns eine Erziehung ohne Strafen kaum ausmalen. Aber stellen Sie sich vor, Sie wollen einen Delphin lehren, durch einen Reifen zu springen. Ich kann das so richtig vor mir sehen: Spring, oder du kriegst mit der Zeitung eins auf die Nase! So geht das einfach nicht.

Bei Katzen ist es dasselbe: Mit Schuldgefühlen erreicht man gar nichts. Mit Drohen, Beherrschen, Zwang oder Bestrafen kann man keine Katze erziehen. Man muß vielmehr wissen, womit man sie motivieren und dazu verlocken könnte, etwas Bestimmtes zu tun.

Bei »Hierher, oder es geht dir an den Kragen!« verschwindet sie einfach in der entgegengesetzten Richtung. Bei »Miez-Miez, komm' doch mal her« und einem bißchen Lachs wird sie ohne jeden Zweifel sofort zur Stelle sein.

Strafen empfehle ich generell äußerst selten. Falls sie doch einmal nötig sind, muß es richtig gemacht werden, sonst verschlimmert man das Problem nur. Sie sollten jedoch auf keinen Fall im Zusammenhang mit Unsauberkeit angewendet werden. Mehr zu diesem Punkt in Kapitel drei.

Knapp vorbei ist auch daneben

Die schlimmste Wirkung haben Strafen, die zu spät erfolgen. Damit meine ich jede Strafe, die für etwas erfolgt, was die Katze schon vor ein paar Stunden getan hat. Oder vor ein paar Sekunden.

Eine Katze verbindet eine Strafe mit dem Verhalten, das sie in eben dem Augenblick ausgeführt hat, in dem sie bestraft wurde. Wenn Sie also nach Hause kommen und feststellen, daß Ihre Katze die Gardinen zerfetzt oder die Stühle zerkratzt hat und Sie sie nun dafür bestrafen, so bringt sie diese Strafe nur mit Ihrer Rückkehr in Zusammenhang. Sie wird bald nicht mehr zur Begrüßung erscheinen, weil sie Ihre Heimkehr fürchtet.

Stellen Sie sich vor, Sie hören in der Küche, wie Ihre Katze im Wohnzimmer ihre Krallen schärft. Sie lassen alles stehen und liegen und hasten hin, aber Sie kommen eine halbe Sekunde zu spät. Sie schimpfen Ihre Katze aus, als diese schon vom Sessel hüpft. Sie selbst haben natürlich das Krallenschärfen gemeint, aber Ihre Katze verbindet das Geschrei mit dem, was sie in genau dem Moment getan hat, als das Geschrei angefangen hat.

Selbst wenn Sie ihr die Kratzspuren auf dem Sessel zeigen und dabei schimpfen, so denkt sie höchstens: Was, nicht lang oder tief genug?

Eine Strafe merzt das unerwünschte Verhalten auch dann nicht aus, wenn Sie Ihre Katze auf frischer Tat ertappen. Statt dessen bringt Ihre Katze die Strafe mit Ihnen in

Verbindung. Das unerwünschte Verhalten wird dann eben nicht mehr in Ihrer Anwesenheit ausgeübt, sondern erst, wenn Sie weg sind.

Eine meiner Klientinnen bestrafte ihre Katze, wenn diese ihre Krallen an den Möbeln schärfte. Die Katze lernte, daß es Ärger gab, wenn sie sich beim Krallenschärfen erwischen ließ. Daher flüchtete sie jedesmal und versteckte sich, sobald sie ihre Besitzerin kommen hörte; sie tat das jedoch auch dann, wenn sie gerade ihre Krallen am Kratzbaum schärfte. Sie traute sich überhaupt nicht mehr, an *irgend etwas* in Anwesenheit ihrer Besitzerin zu kratzen.

Das Wichtigste bei der Katzenerziehung besteht darin, erwünschtes Verhalten zu loben und zu belohnen. Das geht jedoch nur, wenn Sie auch zur Stelle sind, wenn Ihre Katze etwas tut.

Greifen Sie so selten wie möglich zu Tadel und Strafen. Katzen sprechen darauf nicht besonders gut an, meist werden Probleme nur verstärkt. Man kann allerdings das Verhalten von Katzen ganz gut beeinflussen, indem man manche Gegenstände oder Orte unattraktiv und andere wiederum besonders einladend gestaltet.

Wenn eine Katze also das Sofa nicht zerkratzen soll, kann man es so abschreckend machen, daß sie es nicht zum Krallenschärfen benutzen mag. In diesem Zustand sollte es so lange bleiben, bis sich die Katze ihr unerwünschtes Verhalten abgewöhnt hat und ihren eigenen Kratzbaum vorzieht.

Sie meidet also das Sofa, weil sie es nicht mag, unabhängig davon, ob Sie nun anwesend sind oder nicht. Es hat nichts mit Ihnen als Person zu tun. Auf diesen Punkt gehen wir in Kapitel drei noch genauer ein.

Bedarf: Turnkater Jahn

Viele Katzen leiden unter überschüssiger Energie, und das kann besonders bei jungen Katzen zu Konflikten führen. Katzen brauchen ein Ventil für ihren Tatendrang, also ja-

gen sie Phantome, springen die Wände hinauf und turnen über Anrichte und Tische. Dabei werfen sie auch einmal etwas herunter, und es kann Scherben geben. Sie klauen und verstecken Socken oder zerkauen den Küchenschwamm. Manch eine Katze putzt und leckt sich vor lauter Nervosität, bis ihre Haut wund ist. Das alles ist aus der Sicht der Katzen normal. Als Katze sitzt man eben nicht vor dem Kamin und strickt, lädt Freunde zum Pokern ein oder macht Aerobic.

Jeder, auch eine Katze, braucht etwas, auf das er sich jeden Tag von neuem freuen kann, weil es zuverlässig immer wieder stattfindet. Beschäftigen Sie sich also täglich eine Weile mit Ihrer Katze und lenken Sie ihre überschüssige Energie in geordnete Bahnen. Bieten Sie Ihrer Katze Spaß und Spiele, aber in erster Linie Ihre gesamte Aufmerksamkeit.

Es ist nicht unbedingt notwendig, daß Sie jedesmal ausgelassen mit ihr toben oder sich über einen langen Zeitraum mit ihr beschäftigen. Für viele Katzen genügt es völlig, wenn Sie sich in dieser Zeit einfach ausschließlich ihr widmen.

Je bewegungsfreudiger und unternehmungslustiger Ihre Katze ist, desto länger und anspruchsvoller sollten die Spielphasen sein, um den aufgestauten Bewegungsdrang abzubauen. Einer müden und glücklichen Katze fehlt die Energie für Streiche. In den Kapiteln über hyperaktives und zerstörerisches Verhalten bekommen Sie einige Anregungen für Spiele, die Sie mit Ihrer Katze spielen können. Außerdem sind Gesundheit, ausgewogene und abwechslungsreiche Ernährung und der regelmäßige Besuch beim Tierarzt unerläßlich für das Wohlbefinden Ihrer Katze.

Realität: Auch Katzen können nicht aus ihrer Haut

Beim vierten Ansatzpunkt gehe ich von den gegebenen Tatsachen aus: Katzen sind nun einmal Katzen und haben grundlegende Bedürfnisse. Wenn Sie eine Katze haben,

müssen Sie diese Bedürfnisse auch erfüllen, und wenn Sie das nicht tun, sorgt Ihre Katze schon irgendwie selbst dafür. Anstatt also ein bestimmtes Verhalten zu unterbinden, ist es sinnvoller, dieses Verhalten in die richtige Bahn zu lenken. So ist zum Beispiel offensichtlich, daß Katzen Futter brauchen und eine Toilette. Nur weil eine Katze unser Frühstück stiehlt, verbieten wir ihr nicht das Fressen; wir untersagen ihr auch nicht, zu pinkeln, nur weil sie einmal in den Schrank gemacht hat.

Statt dessen versorgen wir sie mit Futter und einem Katzenklo. So sollten wir mit allen Bedürfnissen unserer Katze umgehen. Wenn wir also nicht wollen, daß sie unsere Möbel zerkratzt, ist die Lösung nicht: »Krallenschärfen verboten!«, sondern ein eigener Kratzbaum. Wir zeigen ihr sogar, wie man ihn benutzt. Eine Katze, die Pflanzen mag, würde ein kleiner Katzengarten von unseren Pflanzen abhalten.

Katzen verhalten sich nun einmal wie Katzen. Bei manchen Verhaltensweisen ist es weder möglich noch wäre es fair zu versuchen, sie abzustellen. Also nehmen wir die Sache doch lieber richtig in die Hand und lehren unsere Katze, wie sie sich in unserem Haushalt angemessen benimmt.

Vorbeugen: Ein klares »Nein« zur rechten Zeit schafft Ruhe und Gemütlichkeit!

Das Wichtigste bei Verhaltensproblemen ist Vorbeugen. Vermeiden Sie, daß sich schlechte Gewohnheiten überhaupt erst entwickeln. Es ist schwer, feste Gewohnheiten zu ändern. Wer schlechte Angewohnheiten von vornherein meidet, braucht sich auch nichts abgewöhnen. Wer nie geraucht hat, muß sich nicht mit dem Entzug herumquälen, um seine Sucht loszuwerden.

Man kann eine Katze zum Abgewöhnen wie zur Vorbeugung schlechter Angewohnheiten vorübergehend einsperren. Das ist wie mit einem Laufstall für Babys: Jede Mutter setzt ihr Baby in einen Laufstall, während sie

kocht, weil sie in dieser Zeit nicht auf ihr Kind achten kann. So kann das Kleine spielen, ohne dabei die Treppe runterzufallen oder sich am Herd zu verbrennen. Eine Mutter weiß, daß ihr Kind ohne Aufsicht nicht allein gelassen werden kann. Warum erwarten wir von einer Katze mehr als von einem Kind? Sollen Katzen unsere Gedanken lesen und von selbst wissen, was sie zu tun und zu lassen haben?

Ein Laufstall ist kein Gefängnis, und Kinder gewöhnen sich daran. Sie lernen, sich allein zu beschäftigen und darin zu spielen. Bei einer Katze ist das ebenso. Richten Sie Ihrer Katze einen besonderen Platz ein, ein »Katzenspielzimmer«.

Dieser Raum sollte vergnüglich und angenehm sein. Gewöhnen Sie Ihre Katze langsam daran und verbringen Sie hier Zeit mit ihr. So lernt sie, sich in ihrem eigenen kleinen Reich wohl und geborgen zu fühlen. Schubsen Sie sie nicht einfach hinein, bevor Sie weggehen, sie braucht natürlich Beschäftigung.

Sie soll ja auch nicht für immer darin bleiben, sondern nur so lange, bis man sie ohne Sorge im ganzen Haus frei laufen lassen kann. Das Spielzimmer dient also der Vorbeugung: So kann man verhindern, daß das ganze Haus zum Katzenklo wird, bis die Katze gelernt hat, zuverlässig ihr Kistchen aufzusuchen. Bei Kindern verwendet man Windeln, bis sie ordentlich aufs Töpfchen gehen. Bei ihnen beugen wir einem Mißgeschick vor, warum also nicht auch bei Katzen?

Einsperren dient nicht nur dazu, vorzubeugen, sondern es erleichtert es auch, der Katze wieder gute Umgangsformen anzugewöhnen. Wenn der einzige zum Kratzen geeignete Gegenstand ein Kratzbaum ist, dann lernt eine Katze, ihn auch zu benutzen, einfach deshalb, weil es nichts anderes zum Krallenschärfen gibt. Je öfter sie statt des Sofas ihren Kratzbaum benutzt, desto eher hat sie das Sofa vergessen.

Es gibt vier gute Gründe dafür, eine Katze vorübergehend einzusperren:

1. Es schützt Ihre Katze. Ein Kätzchen weiß nichts von giftigen Pflanzen und Chemikalien oder daß Elektrokabel tödlich sein können.
2. Es schützt Ihre Einrichtung. Ihre Katze kann das Sofa nicht zerkratzen, weil das Sofa nicht im Katzenspielzimmer steht.
3. Dadurch erleichtert es das Erlernen von guten Sitten.
4. Es beugt schlechten Angewohnheiten vor und kann dabei helfen, sie abzugewöhnen.

Aus diesen Gründen sollte im Katzenspielzimmer nichts sein, was einer Katze schaden könnte und nichts, worauf Sie selbst Wert legen. Stellen Sie nichts hinein, was Ihre Katze nicht beschmutzen oder zerstören darf. Vermeiden Sie ferner alles, von dem Ihre Katze lieber gar nicht erst ler-

nen soll, daß man es benutzen könnte, sei es zum Kratzen, Schlafen, Spielen oder darauf Herumkauen.

Man braucht zwei oder mehr Kratz- und Kletterbäume, Schlafplätze, Katzenklos, Futter- und Wasserschälchen und jede Menge Spielzeug. Das Ganze soll ein Spielplatz und kein Gefängnis werden. Wir brauchen es auch nur vorübergehend, und zwar so lange, bis das Kätzchen zuverlässig genug ist, um in der ganzen Wohnung frei laufen zu dürfen.

Es ist unvergleichlich einfacher, Problemen vorzubeugen als sie zu beheben. Je früher Sie Ihrer Katze dabei helfen, gute Sitten zu erwerben, desto besser.

Zusammenfassung

Hier noch einmal die fünf Gesichtspunkte, die bei Verhaltensproblemen in Betracht gezogen werden müssen.

- Gesundheit

Zuerst muß unbedingt abgeklärt werden, ob eine körperliche Ursache dem veränderten Verhalten zugrunde liegt.

• Verständigung

Katzen lernen aus den Folgen ihres Verhaltens. Die meisten Probleme kann man lösen, indem man erwünschtes Verhalten und gutes Benehmen belohnt. Tadel und Strafen verschlimmern die Sache meist.

• Bedarf

Katzen brauchen sowohl Bewegung als auch geistige Anregung. Sie brauchen liebevolle Zuwendung und Aufmerksamkeit. Eine zufriedene und ausgelastete Katze hat es nicht nötig, Streß, überschüssige Energie und Langeweile durch für uns unangenehme Verhaltensweisen abzubauen.

• Realität

Man kann die normalen Verhaltensweisen einer Katze in Bahnen lenken, die für einen herkömmlichen Haushalt erträglich und für die Katze akzeptabel, ja sogar vergnüglich sind.

• Vorbeugung

Es ist sehr viel einfacher, Verhaltenspoblemen vorzubeugen, als sie zu kurieren. Je früher Sie also Ihre Katze an gutes Benehmen gewöhnen, desto besser.

2. Ach, du verstehst mich nicht!

Betrachten wir doch einmal normales Katzenverhalten. Wenn wir Katzen als Katzen akzeptieren und verstehen, warum sie das tun, was sie tun, wird unser Zusammenleben sicherlich zufrieden und glücklich verlaufen. Probleme tauchen auf, sobald wir unsere eigenen Werte und Erwartungen auf Katzen übertragen und zuviel von ihnen erwarten.

Natürlich wollen wir nicht, daß Katzen unser Eigentum zerstören. Umgekehrt bin ich genauso sicher, daß auch Katzen nicht gern das durchmachen, was wir ihnen manchmal zumuten. Eine Katze liebt Strafen genausowenig wie wir, wenn sie unsere neuen Möbel ruiniert. Ein Katzenbesitzer jedoch, der nicht weiß, warum seine Katze ihre Krallen an den Möbeln schärft oder neben ihr Katzenklo pinkelt, verliert schnell die Geduld und bestraft seine Katze. Damit macht er jedoch nur seinem Ärger Luft.

Ich höre immer wieder von Katzenbesitzern, daß die Katze ja weiß, daß sie ungezogen war. Damit rechtfertigen sie die Strafe. Aber leider bewirkt eine Strafe keinerlei Verbesserung des Verhaltens, unabhängig davon, ob eine Katze nun weiß, daß sie ungezogen war, oder nicht.

Erst wenn wir verstehen, warum eine Katze etwas tut, können wir ein Problem erfolgreich lösen. Andernfalls verschwenden wir unsere Zeit und quälen unsere Katze mit Strafen, bis wir sie schließlich verzweifelt weggeben, weil das Problem einfach nicht verschwinden will.

Die meisten Verhaltensprobleme bei Katzen entstehen durch das sehr stark entwickelte Territorialverhalten. Es kann ebenso die Ursache sein für Unsauberkeit und Markieren wie für das Zerkratzen von Möbeln, tagelanges Verkriechen unter dem Bett und richtige Kämpfe.

Hier riecht's nach Ärger

Katzen erkennen ihr Territorium am Geruch, und zwar schon gleich nach der Geburt. Sie sind bei ihrer Geburt zwar blind und taub, besitzen aber von Anfang an einen ausgezeichneten Geruchssinn. Wenn man sie beim Nuckeln von ihrer Mutter wegzieht, so krabbeln sie jedesmal an dieselbe Zitze zurück, ihre eigene persönliche Zitze. Das geht, weil jede einzelne Zitze ihren eigenen Geruch hat, den das Kätzchen wiedererkennt. Wenn man nun die Kätzchen von der Mutter entfernt und deren Bauch abwäscht, um so den Geruch zu entfernen, so erkennen die Kätzchen ihre eigene Zitze nicht mehr. Das führt zu einer solchen Verwirrung, daß es sogar zu Kämpfen kommen kann, weil sie ihren persönlichen Platz an der Milchbar nicht finden können.

Das gesamte Verhalten von Katzen wird also stark durch Geruchssinn und Territorialverhalten geprägt. Sie identifizieren ihr Territorium am Geruch. Der Begriff »Territorium« kann dabei alles mögliche umfassen: Er umfaßt die Zitze der Mutter ebenso wie andere Katzen, Hunde, Menschen sowie Gegenstände und Möbel des Hauses, in dem eine Katze lebt.

Viele Katzenbesitzer mit mehr als einer Katze haben schon beobachtet, wie manchmal eine Katze, die gerade vom Tierarzt zurückkommt, sogar von ihrer besten Freundin angefaucht oder gar angegriffen wird. Das kann auch bei Katzen geschehen, die eigentlich eng befreundet sind, einfach weil die Heimkehrerin im Moment ganz anders riecht. Die Daheimgebliebene, die ihre Freundin nicht erkennt, weil diese anders riecht, behandelt sie wie eine fremde Katze, einen Eindringling.

Eine Katze kann alles Neue und Fremde als Eindringling empfinden, sei es nun eine andere Katze, Besuch oder ein

neuer Stuhl. Ich kenne eine, die jedesmal die Post mit einem Eingangsstempel aus Urin markierte, sobald sie durch den Einwurfschlitz in der Tür geworfen wurde. Es war halt etwas, das ins Territorium der Katze eingedrungen war. Der »Eingangsstempel« war wohl als Hilfe für den Besitzer gedacht.

Katzen legen derartig viel Wert auf ihr Territorium, daß ihnen oft eine vertraute Umgebung wichtiger ist als der Besitzer selbst. Es kommt sogar vor, daß eine Katze bei einem Umzug versucht, nach Hause zurückzulaufen. Als ich noch studiert habe, war es üblich, daß wir Studenten immer mal wieder die Wohnung wechselten, weil wir Tapetenwechsel brauchten. In vielen dieser Studentenbuden lebte eine Katze, und Teil des Mietvertrages war, sich um die Katze zu kümmern. Wenn man dann schließlich umzog, blieb die Katze zurück, egal wie sehr sie einem ans Herz gewachsen war. Die Katze gehörte eben zu dieser Wohnung.

Für uns ist es schwer, uns vorzustellen, wie wichtig der Geruchsinn für eine Katze ist, weil wir selbst uns viel mehr auf Auge und Ohr verlassen. Katzen besitzen ein besonderes hochempfindliches Geruchsorgan, das Jacobson'sche Organ, das sich am Gaumen direkt hinter den oberen Schneidezähnen befindet.

Eine Katze, die dieses Organ benutzt, also »flehmt«, sieht aus, als ob sie die Nase rümpft und gleichzeitig in

Trance ist. Sie hebt dabei den Kopf ein bißchen an, öffnet die Schnauze leicht, schnellt die Zunge gegen den Gaumen und konzentriert sich völlig auf den Geruch.

Selbst die Fellpflege hat bei einer Katze häufig mit Geruch und Territorium zu tun. Wir glauben, es hätte mit der sprichwörtlichen Reinlichkeit der Katze zu tun. In Wirklichkeit besitzt es eine ganze Reihe von Funktionen. Das Fell wird wasserabweisend, weil durch das Lecken die Fettproduktion der Talgdrüsen angeregt wird. Das Fell wird geglättet und isoliert so besser gegen Kälte. Die Verdunstung von Speichel auf dem Fell kühlt. Katzen putzen sich allerdings auch, wenn sie ärgerlich, verwirrt oder aufgeregt sind. Das bezeichnet man dann als Übersprungshandlung.

Die Fellpflege frischt auch den eigenen Geruch auf. Eine Katze, die sich an Menschen, anderen Tieren oder Gegenständen reibt, überträgt so ihren eigenen Geruch und erkennt daran wieder, was ihr vertraut ist. Das Lecken, nachdem sie sich an etwas gerieben hat, ist genauso wichtig: So schmeckt und identifiziert sie, woran sie sich gerieben hat, ob das nun ein Hund, der eigene Besitzer oder eine andere Katze war. Katzen, die sich gegenseitig putzen, tun das nicht, um sich zu reinigen, sondern festigen so ihre persönliche Beziehung.

Betreten verboten!

Katzen sind äußerst territorial, aber wir sind es nicht weniger. Schilder und Zäune sichern unser Eigentum. Schlösser an Türen und Alarmanlagen in Autos sind zum Schutz von Heim und Besitz gedacht. Wir wollen Eindringlinge fernhalten und uns sicher fühlen. Das finden wir richtig, aber sobald eine Katze sich territorial verhält, ärgert uns das und wir ziehen sofort falsche Schlüsse: Sie ist doch wirklich boshaft! Sie ärgert sich. Sie will sich nur rächen, wahrscheinlich aus Eifersucht!

Wenn Katzen sprechen könnten, würden wir wahrscheinlich Erstaunliches zu hören bekommen. Ein Zaun, den wir um unser Grundstück ziehen, um die Nachbarskinder auszusperren, würde sie wohl zum Lachen reizen: »Die muß man sich mal ansehen, diese komischen Menschen! Mit wieviel Mühe die einen Zaun bauen! Deutliche Urinmarken am Rand ihres Territoriums wären doch viel einfacher.«

Katzen und Menschen sind verschieden: Katzen haben

andere Probleme als Menschen und lösen sie anders. Es ist wichtig, daß wir das verstehen. Wir wollen ja mit ihnen leben. Es wäre eher angebracht, ihnen bei der Anpassung an unsere Lebensweise zu helfen, als sie dafür zu bestrafen, daß sie sich wie Katzen verhalten. Sie sind nun einmal, wie sie sind: Katzen – und keine Menschen.

Grundsätzlich haben Katzen drei Möglichkeiten, ihr Territorium zu identifizieren. Sie reiben sich an Gegenständen und hinterlassen so ihre Duftmarke. Damit markieren sie ihr Gebiet. Es gibt ihnen ein Gefühl der Sicherheit, wenn sie sich am Kühlschrank oder Ihrem Bein reiben. Diese Art der Markierung stellt für gewöhnlich auch kein Problem dar, im Gegenteil: fast alle Katzenbesitzer, die ich kenne, mögen es.

Die beiden anderen Arten jedoch, Urinmarkierungen und Krallenschärfen, können Katzenbesitzer in den Wahnsinn treiben oder dazu, die Katze abzuschaffen. Andererseits könnten sie natürlich auch um Rat fragen. Sie bekommen diesen Rat in Kapitel drei und vier.

Willkommen im neuen Heim!

Beim Umzug mit einer Katze und auch wenn eine Katze angeschafft wird, darf man das starke Territorialbedürfnis von Katzen nicht unterschätzen. Es ist wirklich wichtig, daß man eine Katze beim Eingewöhnen unterstützt. Eine neue Umgebung bedeutet für sie großen Streß! Alles Bekannte ist plötzlich verschwunden, und die unbekannten Gerüche machen ihr Angst.

Je kleiner das fremde Gebiet ist, an das sie sich gewöhnen muß, desto schneller wird sie sich heimisch fühlen. Bieten Sie ihr daher zunächst ein ruhiges Zimmer an und schließen Sie alle Fenster und Türen. Wenn die Katze in einem

Katzenkorb ankommt, stellen Sie den am besten in die eine Ecke und setzen sich selbst in die andere. Nehmen Sie sie nicht aus dem Korb. Überschütten Sie sie auch nicht gleich mit Zärtlichkeiten. Wenn es ihr nach Zärtlichkeiten sein sollte, so kommt sie schon von selbst und verlangt danach. Vielleicht will sie ja zunächst überhaupt nicht aus ihrem sicheren Korb heraus. Zwingen Sie sie auch nicht dazu.

Andererseits kann es sein, daß sie sofort herausspringt und schnurstracks unter dem nächsten Bett oder Stuhl verschwindet. Lassen Sie sie auch in diesem Fall erst einmal in Ruhe. Sorgen Sie dafür, daß sie im Zimmer ungestört bleibt, und halten Sie Abstand. Kümmern Sie sich einfach um Ihre eigenen Angelegenheiten. Sie können mit sich selbst sprechen oder leise Musik hören, aber kümmern Sie sich nicht um die Katze. Die braucht zuerst Zeit, um alles zu beobachten und sich an die neuen Geräusche und Gerüche zu gewöhnen.

Stellen Sie das Katzenklo in die Nähe des Versteckes Ihrer Katze. Dasselbe gilt für Futter- und Wassernäpfe. Allerdings sollten diese nicht zu dicht am Katzenklo stehen. Bauen Sie den Kratzbaum auf, und verteilen Sie ein paar Spielsachen auf dem Boden.

Eine *neue* Katze braucht erst recht Zeit, um sich einzugewöhnen. Haben Sie also Geduld und bedrängen Sie sie nicht. Natürlich möchten Sie sich sofort mit ihr anfreunden, sie streicheln und mit ihr schmusen, aber vielleicht ist *sie* noch nicht dazu bereit. Lassen Sie ihr die Zeit, Sie *langsam* kennenzulernen. Nehmen Sie es nicht persönlich, wenn sie nicht so schnell bei Ihnen auf dem Schoß sitzt wie Sie das gern hätten. Katzen brauchen Zeit, und je mehr Sie sie bedrängen, desto länger dauert alles.

Findelkatze

Eine meiner Klientinnen fand in einem Lagerraum bei ihrem Geschäft einen streunenden Kater. Sie nahm ihn auf und quartierte ihn im Gästezimmer ein. Wir wußten überhaupt nichts über ihn. Jeden Tag brachte sie ihm Futter und reinigte das Katzenklo. Es dauerte Monate, bis er das erste Mal den Kopf unter dem Bett hervorstreckte. Genaugenommen war der einzige Beweis für die Anwesenheit einer Katze, daß morgens das Futter verschwunden und das Katzenklo benützt war.

Als er endlich das erste Mal hervorschaute, war sie so begeistert, daß sie auf ihn zuging, um ihn zu begrüßen. Er

fauchte und verschwand wie der Blitz wieder unter dem Bett. Es dauerte weitere zwei Wochen, bis er wieder einen Blick riskierte. Dieses Mal nahm sie keine Notiz von ihm, begann aber, mehr Zeit im Gästezimmer zu verbringen. Sie las, hörte Musik oder telefonierte, während er sie heimlich beobachtete. Zwei Wochen später traute er sich tatsächlich ganz heraus, beschnupperte ihr Bein, rieb sich kurz daran und flitzte zurück unter das Bett.

Sie ignorierte ihn auch bei seinen weiteren Ausflügen. Von Mal zu Mal dehnte er sie ein bißchen mehr aus. Es dauerte jedesmal ein bißchen länger, ehe er wieder verschwand. Wir beschlossen, als nächstes solle sie sich auf den Fußboden setzen und Käsestückchen um sich herum verteilen. So würde er bei seinem Erscheinen auch noch besondere Leckerbissen vorfinden. Wie erwartet, schnappte er sich die Käsestückchen und verschwand damit. Nach einer Weile blieb er sitzen, um seine Leckerbissen zu genießen. Ein paar Wochen später erwartete er sie an der Tür, und ab da ging es mit der Entwicklung der Beziehung rasch voran: Er war endlich überzeugt, daß von ihr keine Gefahr drohte, und damit stand ihrer Freundschaft nichts mehr im Weg. Er begann ihr aus der Hand zu fressen, und sie durfte ihn sogar streicheln.

Inzwischen hat er sich völlig eingewöhnt. Mittlerweile hat er ihre drei anderen Katzen kennengelernt, sich mit ihnen angefreundet und darf im ganzen Haus frei laufen.

Ein Happy-End, aber es hat insgesamt mehr als ein halbes Jahr gedauert. Es war ein außergewöhnlicher Fall, und die Besitzerin hat so ziemlich alles richtig gemacht. Die meisten Leute hätten wohl nicht soviel Geduld aufgebracht und den Kater schon viel früher als hoffnungslosen Fall abgeschrieben. Im Gegensatz zu ihm brauchen die meisten Katzen zum Glück nicht ganz so lange, um sich einzugewöhnen. Es fällt ihnen aber in jedem Fall leichter, wenn man Verständnis für sie aufbringt und nicht auf die Schnelle etwas erzwingen will.

Eine neue Katze kommt ins Haus

Richten Sie für einen Neuankömmling ebenfalls alles in einem Zimmer her. So hat er ein überschaubares Gebiet als neues Territorium. Wenn Sie ihm viel Platz anbieten, braucht er länger, um sich einzugewöhnen. Kümmern Sie sich nicht weiter um ihn, und lassen Sie ihm Zeit, sein neues Heim zu erkunden. Drängeln Sie nicht und zwingen Sie ihn zu nichts.

Überlassen Sie die Initiative beim Kennenlernen lieber der Katze. Sie können das Ganze allerdings beschleunigen: Bestechen Sie sie mit Leckerbissen, die Sie einfach gut sichtbar herumliegen lassen. Bieten Sie ihr nichts direkt an, und fassen Sie nicht nach der Katze, wenn sie nicht von selbst zu Ihnen kommt. Das könnte sie verschrecken und so die Eingewöhnungszeit verlängern. Die Leckerbissen sind dazu gedacht, die Katze zu ermuntern, sich Ihnen schneller zu nähern – nicht umgekehrt.

Sobald sich die Katze eindeutig an Sie und ihr neues Zimmer gewöhnt hat, können Sie die Tür offenlassen und ihr damit den Zugang zum Rest des Hauses oder der Wohnung ermöglichen. Auch hier sollten Sie sie nicht zwingen, das Zimmer zu verlassen. Lassen Sie ihr die Zeit, die sie braucht. Wahrscheinlich wird sie nachts auf Erkundung gehen, wenn Sie schlafen, so daß Sie es nicht einmal merken. Legen Sie einfach ein paar gute Häppchen vor die Tür. Wenn diese morgens weg sind, wissen Sie, daß Ihre Katze sich zumindest so weit herausgewagt hat. Die »Köder« können Sie dann jede Nacht ein bißchen weiter von der Tür entfernt auslegen.

Lassen Sie sie nach Belieben kommen und gehen. Wenn ihr im Rest des Hauses etwas unheimlich ist, kann sie kurzerhand zurück in ihr Zimmer flüchten und wieder Mut schöpfen, ehe sie sich von neuem hinauswagt. Früher oder später wird sie sich im gesamten Haus wohl fühlen.

Jetzt ist der Augenblick da, an dem Sie Katzenklo und Futter- und Wassernäpfchen an einem Ort aufstellen können, der Ihnen persönlich besser paßt. Aber sorgen Sie dafür, daß das Katzenklo nicht von einem Tag auf den anderen von seiner ursprünglichen Stelle verschwindet und ganz woanders wieder auftaucht. Besser sind jetzt zwei oder gar drei Kistchen, von denen erst dann eins verschwindet, wenn Ihre Katze ganz sicher weiß, wo die anderen stehen und sie auch benutzt. Lieber ein benutztes Kistchen an einer Stelle, die Ihnen nicht so gelegen ist, als eine Pfütze auf dem Teppich oder ein Häufchen im Schrank.

Pack' dein Zeug, wir ziehen um!

Bei einem Umzug mit einer Katze, mit der Sie schon seit Jahren Ihr Leben teilen, geht die Eingewöhnung ähnlich vor sich. Aber ob es sich nun um eine neue Wohnung oder eine andere Stadt handelt – es wird alles viel schneller gehen. Die Katze muß sich ja nur an die neue Umgebung gewöhnen, Sie kennt sie ja schon. Sie helfen ihr dabei, wenn Sie das Katzenzimmer schon herrichten, bevor die Katze kommt. Möblieren Sie das Zimmer mit lauter bekannten Gegenständen. Möbelstücke mit Ihrem und dem Geruch Ihrer Katze sind am besten geeignet und sorgen dafür, daß sich die Katze sofort heimisch fühlt. Verbringen Sie mit ihr mehr Zeit als sonst. Damit vermitteln Sie ihr während der ersten Zeit (ungefähr einen Monat lang) durch Ihre Nähe ein Gefühl von Sicherheit und Geborgenheit.

Katzenbesitzer, die umziehen und Ihre Katze sofort nach draußen lassen, laufen Gefahr, sie nie wiederzusehen. Die Katze ist damit einfach überfordert. Ermöglichen Sie Ihrer Katze, sich erst völlig an die neue Wohnung zu gewöhnen, ehe Sie ihr zumuten, sich draußen zurechtzufinden. Lassen Sie sie den Hof erst einmal von der Veranda aus in Augenschein nehmen, bevor sie ganz allein nach draußen darf. Machen Sie mit ihr an der Leine kurze Ausflüge in den Garten. Wenn Sie dabei immer wieder ins Haus zurückgehen, lernt Ihre Katze den Rückweg ins Haus auswendig. Katzen, die erschreckt werden oder Angst haben, versuchen, sich möglichst schnell in Sicherheit zu bringen. Haben Sie mit Ihrer Katze von allen Ecken des Gartens aus den schnellsten Rückweg geübt, wird Ihre Katze im Notfall zu Ihnen ins Haus flüchten und nicht aus dem Garten rennen. Vor allem, wenn sie erschreckt werden, können Katzen in einer unbekannten Gegend die Orientierung verlieren, selbst wenn sie nur zwei Häuser weit entfernt sind.

Jede Katze sollte lernen, auf Kommando herzukommen. Mit einer Katze, die das gelernt hat, kann man die Fluchtwege von draußen ins Haus noch besser üben. Rufen Sie sie während der Eingewöhnungsphase immer wieder aus dem Garten ins Haus zurück. Eine Katze, die kommt, wenn man sie ruft, kann man auch leichter wiederfinden, falls sie doch einmal verlorengehen sollte.

»Komm!«

Katzen lernen eigentlich ganz leicht, auf Kommando herzukommen. Die meisten Katzen, die ich kenne, kommen zum Beispiel sofort, wenn sie einen elektrischen Dosenöffner hören: Es gibt ja was zu essen.

Benutzen Sie kurzerhand ein Wort oder eine Pfeife, um

Ihrer Katze mitzuteilen, daß das Essen bereit steht. Fangen Sie mit dem Training an, wenn Ihre Katze hungrig ist. Nehmen Sie etwas, was sie besonders gern mag, und lassen Sie sie schon mal probieren. Jetzt weiß sie, die Sache wird spannend. Zeigen Sie ihr einen zweiten Bissen, entfernen Sie sich einen Schritt von ihr und rufen Sie sie zu sich. Wenn sie kommt, geben Sie ihr diesen Bissen. Wenn sie nicht kommt, hat sie nicht genug Hunger – machen Sie dann lieber später weiter. Meist allerdings klappt es. Üben Sie das wieder und wieder. Entfernen Sie sich dabei schrittweise immer weiter von ihr. Üben Sie überall im Haus und in jedem Zimmer. Trainieren Sie auch zu zweit, und rufen Sie sie von einem zum anderen. Üben Sie, sie von vor der Haustür hereinzurufen. Rufen Sie sie auch von draußen immer wieder herein, bevor sie zu weit weg ist. Belohnen Sie sie und lassen Sie sie wieder hinaus.

Sobald Ihre Katze begriffen hat, worum es geht, muß sie nicht jedesmal belohnt werden. Im Gegenteil, sie reagiert besser, wenn sie nur jedes fünfte oder sechste Mal belohnt wird. Als Faustregel gilt: Wenn die Katze jedesmal kommt, sollte sie nicht immer belohnt werden. Belohnen Sie sie wieder öfter, wenn sie das Interesse zu verlieren scheint. Belohnen Sie sie immer, wenn sie besonders schnell kommt.

Ich selbst bin übrigens der Meinung, es ist sowohl für Ihre Katze als auch Sie selbst besser, wenn Sie Ihre Katze nur in der Wohnung halten. Ich habe auf dem Land und in der Stadt zu viele streunende, verirrte, verletzte und sterbende Katzen gesehen, die im Tierheim gelandet sind. Ich finde es den Katzen gegenüber unfair und gefährlich, sie frei laufen zu lassen. Sie sind schutzlos den Gefahren unserer modernen Zivilisation ausgesetzt. Außerdem können sie sich mit allen möglichen Krankheiten anstecken und sind Kämpfen mit anderen Katzen ausgeliefert.

Freilaufende Katzen stellen ein Ärgernis für die Nachbarschaft dar. Warum sollte man akzeptieren, daß eine fremde Katze den Garten als Katzenklo benutzt? Oder dauerndes Hundegebell ertragen, bloß weil eine Katze von Zäunen und Dächern aus Hunde ärgert? Ich bekomme genauso viele Anfragen von Leuten, die Nachbars Katze von ihrem Grundstück fernhalten wollen, wie von ratsuchenden Katzenbesitzern.

Oft höre ich, daß eine Katze nach draußen darf, weil sie die Gardinen heruntergeholt hat oder nicht stubenrein ist. Es wäre für alle Betroffenen besser, insbesondere für die Katze, wenn man ihr beibringen würde, sich angemessen zu benehmen, anstatt sie einfach vor die Tür zu setzen. Wenn Ihre Katze draußen lebt, weil sie immer wieder in die Wohnung pinkelt, dann lesen Sie das Kapitel über Stubenreinheit. Ihre Katze ist drinnen glücklicher, und auch Sie werden sich besser fühlen – vorausgesetzt, Ihre Katze ist gut erzogen.

Setzen Sie Ihre Katze nicht den Unsicherheiten und der Lebensgefahr draußen aus, nur weil sie Ihre Möbel ruiniert. Schlagen Sie lieber noch einmal das entsprechende Kapitel auf. Katzen können in einer Wohnung ein vergnügtes und normales Leben führen, falls man sich die Zeit nimmt, ihre Bedürfnisse zu berücksichtigen.

Einigen Katzenbesitzern tut es leid, wenn ihre Tiere herzzerreißend klagen, um hinausgelassen zu werden. Bedauerlicherweise sehen sie nicht, wie ihre Katze sich draußen unter einem Auto verstecken oder auf einen Baum flüchten muß, weil sie von Kindern, Hunden oder anderen Katzen gejagt wird. Erwarten Sie etwa, daß eine Katze, die sich nicht einmal in der Wohnung zu benehmen weiß, sich auf der Straße richtig verhält? Nur weil Ihr kleiner Sohn quengelt, weil er auf der Straße spielen will, darf er das noch lange nicht. Bei Ihrer zwölfjährigen Tochter, die jammert, weil sie mit Freunden die Nacht durchmachen will, werden Sie auch nicht vor lauter Mitleid weich und erlauben es.

Spannen Sie für frische Luft und Tageslicht einfach ein Netz vor ein Fenster, oder bauen Sie einen Auslauf mit einem Zugang durch ein Fenster. Lehren Sie Ihre Katze, an der Leine zu gehen, und gehen Sie mit ihr spazieren, auch wenn das nur im Hof sein sollte.

Freund oder Feind?

Sie haben den Eindruck, Ihre Katze ist einsam? Dann sollten Sie sich eine zweite Katze zur Gesellschaft anschaffen. Vorzugsweise sollte diese an andere Katzen gewöhnt sein und sich in bezug auf Alter und Geschlecht von Ihrer Katze unterscheiden. Kämpfe entwickeln sich in erster Linie zwischen Tieren, die dasselbe Alter und Geschlecht haben, vor allem, wenn es (unkastrierte) Kater sind.

Das Eingewöhnen einer neuen Katze erfolgt wie schon beschrieben. Während die Neue sich an Sie und das unbekannte Gebiet gewöhnt, müssen Sie sich den schon im Hause lebenden Tieren länger und intensiver widmen. Sie könnten sich durch den Neuankömmling verunsichert und bedroht fühlen und darauf mit Aggression, Unsauberkeit und Zerstörungswut reagieren. Manche Katzen kommen durch einen Neuzugang so durcheinander, daß sie ihre Koffer packen und auf Nimmerwiedersehen verschwinden.

Aus diesem Grund ist es unerläßlich, eine Katze auf eine solche Änderung vorzubereiten. Verwenden Sie viel Zeit darauf, ihr gutes Benehmen zu loben und zu belohnen.

Manche Katzen reagieren auf eine neue Katze im Haus mit Unsauberkeit. Selbst wenn im Augenblick da noch alles in Ordnung sein sollte, schadet es nicht, das entsprechende Kapitel noch einmal durchzugehen. Beugen Sie möglichen Problemen vor. Meist macht ein Katzenbesitzer soviel Aufhebens von einer neuen Katze, daß die anderen sich zwangsläufig vernachlässigt und ignoriert fühlen müssen und eifersüchtig werden.

Das beste ist, sich genau umgekehrt zu verhalten. Widmen Sie sich in erster Linie denen, die schon länger bei Ihnen leben. Diese Katzen müssen sich vor, während und nach der Ankunft des Neuankömmlings in ihrem Heim absolut sicher und geborgen fühlen.

Sobald sich die Neue an das unbekannte Zimmer und an Sie gewöhnt hat, ist es Zeit, die Katzen miteinander bekannt zu machen. Fangen Sie mit dem Geruch an und tauschen Sie Gegenstände aus, die den Geruch der Katzen tragen. So lernt jede der Katzen den Duft der anderen kennen. Vertauschen Sie die Unterlagen miteinander, auf denen die Tiere schlafen. Lassen Sie beide Katzen unter der

Tür durch einander beschnuppern. Erst sobald die neue Katze an Sie und an ihr neues Gebiet gewöhnt ist, erst wenn die Katzen ausreichend Zeit gehabt haben, sich an den gegenseitigen Geruch zu gewöhnen, und erst wenn keine der Katzen mehr den Eindruck erweckt, als ob sie die

Tür aufbrechen und die andere umbringen würde, ist es an der Zeit, die Tür offenzulassen.

Irgendwann wagt sich die Neue langsam heraus und trifft jetzt auf die Hausherrin. Meist erstarren beide bei dieser ersten Begegnung, machen einen Buckel, fauchen, spucken und knurren vielleicht sogar. Dann flüchten beide und bringen sich in Sicherheit. Wenn es zu einem kleinen Streit kommen sollte, kann die Neue in ihr Zimmer flüchten. Die Alteingesessene wird wahrscheinlich nicht folgen, da das Zimmer ganz nach der Neuen riecht.

Durch die Sicherheit und Vertrautheit ihres Zimmers gewinnt die Neue wieder Mut und wagt sich erneut hinaus. Die meisten dieser anfänglichen Begegnungen werden Ihnen ziemlich feindselig erscheinen, aber am besten mischen Sie sich nicht ein. Überlassen Sie es den Katzen, die Sachlage zu klären. Beide werden viel schneller miteinander zurechtkommen, wenn die Situation nicht durch Sie noch weiter kompliziert wird.

Wenn beide Katzen wirklich aggressiv aufeinander reagieren und sich überhaupt nicht aneinander gewöhnen wollen, lesen Sie das Kapitel über Kämpfen.

3. Katzenklo, Katzenklo...

Eines der häufigsten Probleme, mit dem Katzenbesitzer konfrontiert werden, ist Unsauberkeit. Ungefähr 75 % aller Katzenbesitzer rufen deswegen an. Falls Sie im Augenblick damit noch keinen Ärger haben, überschlagen Sie dieses Kapitel bitte trotzdem nicht. Meist rufen Katzenbesitzer leider erst an, wenn die Sache schon eskaliert ist. Dabei wäre Vorbeugen viel einfacher und billiger als Heilen. Jetzt können Sie zukünftige Probleme noch vermeiden. Wenn Sie jetzt nichts tun, gehören auch Sie vielleicht irgendwann zu den oben erwähnten 75%: Plötzlich benutzt Ihre Katze ihr Kistchen nicht mehr!

Mir stinkt's!

Werfen wir zuallererst einmal einen Blick auf das Katzenklo. Der Hauptgrund, weshalb eine Katze ihr Kistchen nicht mehr akzeptiert, liegt darin, daß es vom Standpunkt der Katze aus nicht sauber ist. Katzen besitzen einen außerordentlich guten Geruchssinn. Ihnen als Mensch erscheint das Kistchen sauber, der Katze dagegen nicht.

Sie haben bestimmt schon mal an einer Tankstelle die Toilette aufsuchen müssen. Sie gehen einen Schritt hinein, halten die Luft an und denken mit Sehnsucht an die Büsche am Straßenrand. Sie würden ja gern die vorhandene Toilette benutzen, aber die ist so abstoßend, daß man förmlich gezwungen ist, nach anderen Möglichkeiten Ausschau zu halten.

Die meisten Katzenbesitzer, die Rat bei mir suchen, wechseln einmal in der Woche die Katzenstreu. Wie würde Ihnen eine Toilette gefallen, in der nur einmal in der Woche gespült wird?

Mitten ins Schwarze!

Manche Katzenbesitzer berichten, daß ihre Katze nicht ins Klo trifft. Als ich das zum ersten Mal hörte, konnte ich mir darunter nichts vorstellen. Bei weiterem Nachfragen wurde deutlich, daß die Katze ihr Geschäft ungefähr 10 cm neben dem Kistchen verrichtete. Auch mit einem größeren Katzenklo war diesem Problem nicht beizukommen.

Wir alle haben schon einmal eine Katze bei ihrem Geschäftchen beobachtet. Sie gräbt eine kleine Kuhle, trippelt ein bißchen hin und her und wählt ihre Position. Und dann: genau in die Mitte! Jedesmal! Katzen machen nicht aus Versehen daneben. Wenn's daneben ist, war das auch so geplant. Ihre Katze versucht Ihnen mitzuteilen, daß sie ja gern auf ihr Kistchen gehen würde, aber leider ist es zu naß und stinkt.

Zur Auffrischung

Das Allerwichtigste ist, das Kistchen sauberzuhalten. Es reicht einfach nicht, einmal täglich den Katzendreck daraus

zu entfernen. Lieber etwas weniger Streu und dafür jeden Tag alles frisch! Außerdem sollte das Kistchen regelmäßig heiß ausgewaschen und mit verdünntem Zitronensaft oder Essiglösung ausgespült werden, um den Ammoniakgeruch zu vertreiben. Ich habe tatsächlich einmal beim Kauf von Katzenstreu die Empfehlung gelesen, zur Reinigung der Katzentoilette Ammoniak zu benützen. Bitte tun Sie das auf gar keinen Fall! Reinigungsmittel, die Ammoniak enthalten, riechen für Katzen nach altem Urin.

Es darf auch etwas mehr sein

Die Anzahl der Katzenkistchen ist ebenfalls wichtig. Ich empfehle ein Kistchen pro Katze plus noch eins, d.h. für eine Katze zwei Kistchen, für zwei Katzen drei Kistchen usw. an verschiedenen Stellen. Manche Katzen sind äußerst territorial im Bezug auf ihr Kistchen. Sie benützen es vielleicht deswegen nicht, weil schon eine andere drauf war. Es kommt auch vor, daß eine dominante Katze das Kistchen gegen andere Katzen im Haus verteidigt.

Eine besonders ängstliche Katze traut sich eventuell nicht aufs Klo, wenn etwas, das ihr Angst macht, im Weg ist. Eigentlich müßte sie wirklich dringend. Sie schaut aus der Tür des Schlafzimmers und sieht Sie mit dem großen, röhrenden Staubsauger mitten auf dem Weg zum Katzenklo. Ehe sich diese Katze an dem unheimlichen Monster vorbeiwagt, macht sie notgedrungen einfach woanders hin. Wäre ein zweites Kistchen da, würde das vielleicht nicht passieren.

Bei einem zusätzlichen Kistchen steigt die Wahrscheinlichkeit, daß eines von beiden den Sauberkeitsansprüchen der Katze genügt. Und wie Katzen halt so sind, können sich ihre Ansprüche jeden Tag ändern. Das ist Vorrecht der Katzen.

Wo, bitte, geht's zum Klo?

Es gibt noch etwas sehr Wichtiges: Steht das Kistchen am *richtigen* Platz? Katzen mögen ihr Kistchen an einem festen Platz, wo sie ungestört sind. Also bitte nicht an den belebtesten Ort in der Wohnung stellen, auch nicht zu dicht ans Katzenbett oder den Futterplatz.

Manchmal beunruhigt eine Katze auch etwas am Kistchen oder seiner Umgebung und hält sie davon ab, es zu benutzen. Ich erinnere mich an eine Frau, die der Katze aus Versehen eine Rolle Klopapier auf den Kopf fallen ließ, als diese auf dem Kistchen war. In einem anderen Fall drehte jemand die Dusche an, ohne den Vorhang zuzuziehen, und die Katze wurde naßgespritzt, während sie auf der Toilette war. Diese beiden Katzen scheuten sich danach, überhaupt das Bad zu betreten, geschweige denn, ihre Toiletten zu benutzen. Man mußte das Kistchen eine Zeitlang vor die Badezimmertür stellen.

Es mag sich etwas merkwürdig anhören, aber kann die Katze auch ungehindert zu ihrem Kistchen? Manche Leute stellen das Kistchen möglichst unauffällig in einen Schrank und schließen obendrein die Schranktür. Ein Katzenfreund stellte das Klo jeden Tag woanders hin, um einen Platz zu finden, an dem sein Hund es nicht fand. Der Hund hatte viel Spaß bei der Suche nach dem Kistchen, die Katze weniger.

Was die Streu selbst angeht, so hat jede Katze ihre eigenen Vorlieben und Abneigungen. Die meisten Katzen mögen saubere Streu, die gut aufsaugt, sich natürlich anfühlt

und auch so riecht. Streu, die – eher für unseren Geschmack – mit Zusätzen und Duftstoffen angereichert ist, stößt viele Katzen eher ab.

O.k., ich hab' mich ja gebessert

Also, Sie haben jetzt ein sauberes Kistchen mit der richtigen Streu am richtigen Platz: ruhig, leicht zugänglich und ungestört. Und nun? Zu Ihrer Enttäuschung wird Ihre Katze das wundervoll saubere und richtig plazierte Katzenkistchen noch nicht gleich zu schätzen wissen. Das hat triftige Gründe: Die Katze weiß ja nicht, daß das Kistchen jetzt tatsächlich sauber ist. Die letzten sechs Monate war es nicht so, warum sollte sich das plötzlich geändert haben? Also wird sie nach wie vor dahin gehen, wo sie ein sauberes Plätzchen weiß. Sie hat nämlich die Erfahrung gemacht, daß Sie jedesmal sofort putzen, wenn sie hinter das Klavier pinkelt. Dort lassen Sie es natürlich nicht eine Woche lang einziehen.

Wir reagieren schließlich ähnlich: Bei meinen häufigen langen Fahrten habe ich einige Tankstellen kennengelernt, bei denen ich einfach nicht mehr anhalte. Ich weiß aus Erfahrung, die Toiletten sind dort nicht sauber. Ich werde wohl kaum anhalten, um nachzusehen, ob sich das geändert hat. Auch dann nicht, wenn sie Schilder aufstellen würden: Achtung! Unsere Toiletten sind frisch geputzt! Ich würde höhnisch lachend vorbeifahren. Katzen reagieren ähnlich: Sie beäugen das Kistchen, trauen dem frischen Luxus nicht, gehen einen Schritt zurück und suchen sich was Bewährtes.

Manche Besitzer rasten aus, wenn sie irgendwo im Haus Pfützen oder Häufchen finden. Sie schreien, packen die Katze und setzen sie unsanft ins Katzenklo. Manche packen sogar die Pfoten und scharren damit in der Streu. Katzen aber hassen jegliche Art von Zwang. Derart mißhandelte Katzen meiden das Kistchen. Sie verbinden das Katzenklo mit unangenehmen Erfahrungen und halten es für ein Folterwerkzeug.

Um die Situation zu ändern, müssen Sie Ihre Katze davon überzeugen, daß das Kistchen ein sauberer und angenehmer Platz ist. Nehmen Sie also, wenn Ihre Katze hungrig oder in Spiellaune ist, eine besondere Leckerei oder ihr Lieblingsspielzeug und locken Sie sie zum Kistchen.

Stellen Sie sich vor, an den oben erwähnten Tankstellen wären plötzlich Schilder mit der Aufschrift: Jeder, der sich von der Sauberkeit unserer Toiletten überzeugen möchte, erhält 50 DM. Das wäre eine Attraktion, der Erfolg wäre programmiert. Die gleichen Prinzipien gelten für Ihre Katze. Fast alle hungrigen Katzen laufen gern einem Stück Geflügel hinterher. Locken Sie die Ihre damit oder mit einem Spielzeug zum Kistchen. Loben Sie sie überschwenglich, wenn sie dort angelangt ist. In kurzer Zeit wird Ihre Katze das Spiel verstehen, und Sie können sie von den unterschiedlichsten Stellen im Haus zu sich und zum Kistchen rufen. Lenken Sie sie besonders von den Stellen ab, die sie in der Vergangenheit beschmutzt hat. Sobald sie an ihrem Kistchen ankommt, loben und belohnen Sie sie.

Ihre Katze begreift so nicht nur schnell, daß das Kistchen jetzt sauber ist, sondern auch, daß sich der Weg dorthin lohnt. Der nächste Schritt ist dann natürlich, sie auch zu loben und zu belohnen, wenn sie das Kistchen tatsächlich benutzt.

Gut geplant ist halb gewonnen!

Katzen sind von Natur aus reinlich, und daher erwarten wir von ihnen, daß sie dies alles von selbst lernen. Eine Katze lernt aber viel schneller und gründlicher, wenn man sie für ordungsgemäßes Verhalten lobt und belohnt.

Der exakte Zeitpunkt für die Belohnung ist äußerst wichtig. Wenn Sie also den richtigen Moment erwischen wollen, um Ihre Katze zu belohnen, müssen Sie auch anwesend sein, wenn sie aufs Kistchen geht. Folglich ist ein genauer Zeitplan wichtig. Schließlich können Sie nicht Tag und Nacht daneben sitzen.

Die Verdauung einer Katze funktioniert wie ein Uhrwerk. Wenn die Mahlzeit täglich zur gleichen Zeit erfolgt, richtet sich auch der Zeitpunkt der Ausscheidungen danach. Sobald Sie erst mal wissen, wann Ihre Katze auf ihr Kistchen muß, können Sie anwesend sein und das ordnungsgemäß verrichtete Geschäftchen auch angemessen loben und belohnen.

Ab dann müssen Sie täglich nur noch ungefähr eine Viertelstunde in der Nähe des Katzenklos ausharren, nicht mehr den ganzen Tag. Halten Sie in dieser Zeit auch die Augen offen, um Ihre Katze von den früher verunreinigten Plätzen fernzuhalten.

Immer noch Probleme ...

Wenn Sie dennoch weiterhin Schwierigkeiten haben sollten, kann es erforderlich werden, Ihre Katze vorübergehend samt Katzenklo, Spielzeug und Schlafplatz einige Tage in einen Raum zu sperren. Dadurch lernt sie schneller, ihr Kistchen zu benutzen. Bleiben Sie zusammen mit Ihrer Katze in diesem Raum, das macht es leichter, auf die Katze aufzupassen und rechtzeitig für die Belohnung zur Stelle zu sein. Das wiederum verbessert die Chancen, daß sie ihr Kistchen in Ihrer Abwesenheit benutzt. Im übrigen zieht eine Katze, die die Wahl zwischen Katzenstreu und Fliesen oder Linoleum hat, normalerweise Katzenstreu vor, weil die Urin aufsaugt und die Möglichkeit bietet, Häufchen zuzuscharren.

Katzen sind Gewohnheitstiere. Sie kehren gern an denselben Platz zurück, um ihr Geschäft zu verrichten. Um also schlechte Angewohnheiten zu unterbrechen, kann vorübergehendes Einsperren ratsam sein. Eine Katze, die keinen Zugang mehr zu den gewohnten Stellen hat, kann ihre Unart nicht weiter pflegen. Lassen Sie sich von der Vorstellung des Einsperrens nicht gleich abschrecken. Vielleicht haben Sie es schon irgendwann einmal ausprobiert, aber dabei schlechte Erfahrungen gemacht. Das liegt dann eher daran, daß Sie es nicht richtig angefangen haben. Wenn für Sie Einsperren einem Gefängnisurteil gleicht, muß es schiefgehen. Sie können es wirklich für sich und

Ihre Katze zu einem positiven und lohnenden Erlebnis machen. Lesen Sie dazu bitte noch einmal das Kapitel über vorübergehendes Einsperren durch.

Zusammenfassung

1. Das Kistchen muß immer sauber sein. Eine einzige Schlamperei kann die Katze veranlassen, irgendwo anders hinzugehen: Schon müssen Sie mit Ihrer Erziehung wieder ganz von vorn anfangen. Vergessen Sie also nie, das Kistchen sauberzuhalten.
2. Sorgen Sie dafür, daß eine ausreichende Anzahl von Kistchen mit der richtigen Streu an geeigneten Orten steht.
3. Loben und belohnen Sie Ihre Katze jedesmal, wenn Sie sehen, daß sie auf ihr Kistchen geht. Am Anfang ist es wichtig, so häufig wie möglich dabei zu sein, um sie rechtzeitig belohnen zu können. Sobald es funktioniert, ist es ebenso wichtig, die Katze immer mal wieder zu loben, denn das motiviert sie, sich weiterhin richtig zu verhalten. Betrachten Sie gutes Benehmen nie als selbstverständlich, sonst müssen Sie vielleicht eines Tages Ihre Katze wieder von neuem an ihr Kistchen gewöhnen.

Bei manchen Katzen geht es besser, wenn man sie in diesem Fall in einen Raum einsperrt. Das geschieht jedoch nur vorübergehend, um die Umorientierung zu erleichtern und ihr ihre Unart abzugewöhnen. Eine Gefahr für »bleibende Schäden an Leib und Seele« besteht absolut nicht!

Um Himmels willen, er markiert!

Die Stubenreinheit von Katzen und die Erziehung dazu betreffen das normale Ausscheidungsverhalten. Katzen hinterlassen jedoch Kot und Urin auch zur Markierung an aus unserer Sicht unerwünschten Stellen. Dies gehört zu ihrem Sozial-, Sexual- und Territorialverhalten.

Klassischerweise sind es meist unkastrierte Kater, die Urin versprühen. Aber auch Kätzinnen und kastrierte Tiere beiderlei Geschlechts markieren. Sie benutzen dazu Kot ebenso wie Urin, den sie entweder an senkrechte Oberflächen sprühen oder in Pfützen hinterlassen. In Kapitel 2 bin ich auf das starke Territorialverhalten von Katzen eingegangen. Wenn Sie das noch nicht gelesen haben, ist jetzt der richtige Zeitpunkt dazu. Dann können Sie besser verstehen, warum es für Ihre Katze so wichtig ist, ihr Gebiet durch Geruch zu kennzeichnen.

Alles Neue in ihrem Gebiet kann dazu führen, daß Ihre Katze sich unsicher, bedroht und gestreßt fühlt, egal ob es sich dabei um einen Menschen, ein Tier oder auch nur um ein Möbelstück handelt. Dann muß sie sich selbst und der ganzen Welt ihr Territorium wieder in Erinnerung rufen.

Kleinigkeiten reichen aus, um die Gefühle einer Katze durcheinanderzubringen. Zu viele Katzen in einer Wohnung, eine neue Katze oder ein neuer Hund in der Nachbarschaft, Besuch aus einer anderen Stadt, ein Familienmitglied, das verreist – jede Änderung der täglichen Routine oder der gewohnten Umgebung kann das Maß vollmachen. Schon geht das Markieren los.

Untersuchungen haben gezeigt, daß freilaufende Katzen ihr Häufchen innerhalb ihres eigenen Territoriums verscharren, nicht aber unbedingt an seiner Grenze. Anscheinend markieren Katzen auch auf diese Weise. Eine Katze, die plötzlich überall im Haus oder in bestimmten Zimmern Häufchen hinterläßt, fühlt sich also unter Umständen unsicher oder bedroht.

Meist sind unkastrierte Kater die Übeltäter, und die einfachste Lösung besteht in einer Kastration. Aber auch kastrierte Kater markieren manchmal: Dann kann der Einsatz von Medikamenten sinnvoll sein. Eine Behandlung sollte jedoch genau mit dem Tierarzt abgeklärt werden.

In diesem Zusammenhang verwendete Hormone und andere Medikamente müssen unterschiedlich hoch dosiert und verschieden lange angewendet werden. Wie bei allen Medikamenten können Nebenwirkungen auftreten.

Kastration und Medikamente brauchen Zeit, um ihre Wirkung zu entfalten. Manchmal wirkt etwas nicht und man muß auf ein anderes Medikament oder eine andere Dosierung übergehen. Viele Katzenbesitzer erwarten, daß die Kastration oder eine Spritze wunderbarerweise über Nacht das Verhalten ändern. Es kann aber in Wirklichkeit mehrere Wochen dauern, bis das passiert. Also haben Sie Geduld und bleiben Sie in Verbindung mit Ihrem Tierarzt.

Auch ist nicht immer eine langwierige Behandlung erforderlich. Bei einem aktiven, jugendlichen Kater kann eine vierteljährliche Hormoninjektion verhüten, daß ihn die Rolligkeit der Nachbarskatze völlig durcheinanderbringt.

Desgleichen kann eine einmalige Injektion in einer besonders stressigen Zeit im Leben, zum Beispiel bei einem Umzug, einer Katze die Umgewöhnung erleichtern. Sobald sie eingewöhnt ist, wird das Markieren überflüssig.

Manche Tierärzte empfehlen in derartigen Fällen den Einsatz von Tranquilizern. Aus gutem Grund: Tranquilizer wirken beruhigend, das reduziert den Streß. Ich selbst würde den Tranquilizer lieber dem Katzenbesitzer verordnen: Wenn dieser sich nämlich nicht so aufregen und ein bißchen mehr entspannen würde, wäre ja vielleicht auch das Leben der Katze nicht so stressig.

Vor kurzem waren auf meinem Anrufbeantworter drei aufgeregte Anrufe. Eine ganz aufgelöste Katzenbesitzerin sprach so schnell, daß ich kaum ein Wort verstehen konnte. Anscheinend pinkelte ihr die Katze ins Bett. Beim ersten Anruf vergaß sie, ihre Telefonnummer zu hinterlassen. Eine Woche später vergaß sie ihren Namen, aber ich erkannte die Stimme wieder. Beim dritten Mal bat sie völlig verzweifelt, sie umgehend zurückzurufen. Leider sei sie jedoch nur zu ganz bestimmten Zeiten erreichbar: dienstags von 8:00 bis 8:15, mittwochs von 10:45 bis 11:15 und von 7:30 bis 7:45, und jeden zweiten Freitag von 6:00 bis 6:20. Dabei war nicht eindeutig, ob es sich um vormittags oder nachmittags handelte. Es ist wohl überflüssig zu sagen, daß ich sie nie erreicht habe, obwohl ich mich ehrlich bemühte. Kein Wunder, daß sie mit ihrer Katze Probleme hatte!

Manchmal sind Katzenbesitzer selbst schuld, wenn ihre Katze unsauber wird. Ohne die geringste Ahnung, weshalb ihre Katze etwas tut, greifen sie zu absurden und zum Teil wirklich grausamen Strafen. Wutanfälle und die falsche Anwendung von Strafen steigern den Streß für die Katze und führen logischerweise zu weiterem Markierungsverhalten.

So marschierte zum Beispiel ein Katzenbesitzer, kaum daß er von der Arbeit nach Hause gekommen war, schnurstracks zu seiner Stereoanlage. Wenn er auch nur einen frischen Kratzer an den Boxen fand, schnappte er seine Katze, steckte sie unter die Dusche und drehte das Wasser an. Es dauerte nicht allzu lange, und die Katze pinkelte überall im ganzen Haus.

Erst als er endlich bei mir anrief, war es möglich, die Situation in den Griff zu bekommen. Er lernte, seine Katze zu verstehen, und hörte daraufhin auf, sie zu bestrafen. Er besorgte einen Kratzbaum, lehrte sie, ihn zu benutzen, und bald gehörten Kratzspuren an den Lautsprechern und Urinmarken der Vergangenheit an.

Ich bin überzeugt, wenn man, wie im Kapitel 1 beschrieben, an Probleme herangeht, so ist das mindestens so wirksam wie der Einsatz von Medikamenten. Im Grunde geht es wirklich nur darum, daß man sich zwischendurch immer wieder einmal ausschließlich der Katze widmet. Sorgen Sie dafür, daß sie sich in Ihrem Heim glücklich und sicher fühlt, so daß sie entspannt und selbstsicher ihr Territorium genießen kann. Spielen und sprechen Sie mit ihr, streicheln und massieren Sie sie. Sie müssen sich nur mit ihr beschäftigen! Sie selbst wissen am besten, was Ihre Katze liebt – tun Sie es einfach! Das hilft viel mehr als jedes Medikament, Streß und Angst zu reduzieren. Dazu noch das richtige Futter und ausreichend Bewegung – und schon haben Sie eine glückliche und gesunde Katze.

Eine selbstbewußte, zufriedene und entspannte Katze hat es gar nicht nötig, mit derart extremen Maßnahmen wie

Urinmarken ihre Angst und ihren Streß zu bekämpfen.

Manchmal wird auch empfohlen, Aluminiumfolie oder Futternäpfe dort zu plazieren, wo markiert wird. Angeblich stößt das Geräusch des Urins auf der Folie Katzen ab; außerdem verunreinigen Katzen für gewöhnlich nicht ihren Freßplatz. Diese Vorkehrungen funktionieren manchmal. Es ist auch kein Problem, das auszuprobieren, aber oft markieren Katzen dann einfach woanders. Ein frustrierter Besitzer, der mich eines Tages um Hilfe bat, hatte mittlerweile die halbe Wohnung mit Alufolie abgedeckt und 17 Futternäpfe über die Wohnung verteilt.

Aber auch diese Methode funktioniert meist nur vorübergehend. Sie befaßt sich einfach nicht mit der Wurzel des Problems, den Gefühlen und dem Wohlbefinden der Katze.

Territorialmarkierung ist der Ausdruck des psychischen Zustandes einer Katze. Eine Kombination von Kastration, Erziehung mittels Belohnung und der Verminderung von Streß ist der Schlüssel zur Lösung dieses Problems.

Gehen Sie lieber auf Nummer sicher

Die Ursache für Unsauberkeit kann auch eine Erkrankung sein. Bei ungewohntem oder verändertem Verhalten sollte daher in jedem Fall zunächst der Tierarzt aufgesucht werden. Krankheiten von Niere oder Blase sind bei Katzen nicht ungewöhnlich. Zeichen dafür sind auffallend kleine Pfützen oder Blutspuren, die man sehen kann, wenn Katzen auf kühle Keramikoberflächen pinkeln wie zum Beispiel in Badewannen, Spülbecken oder auf den Herd. Dann sollte sofort ein Tierarzt aufgesucht werden.

Wenn eine Krankheit der Grund für die Unsauberkeit war, ist es jedoch noch lange nicht gesagt, daß Ihre Katze das Katzenklo wieder zuverlässig aufsucht, sobald sie wieder gesund ist. Vielleicht hat sie sich ja schon viel zu sehr daran gewöhnt, woanders hinzupinkeln. Es kann sein, daß sie das Katzenklo mit Schmerzen beim Urinieren in Verbindung bringt. Es ist also durchaus möglich, daß Sie Ihre Katze erst langsam wieder zur Stubenreinheit erziehen und an das Katzenklo gewöhnen müssen. Gehen Sie dabei so vor, wie ich es am Anfang dieses Kapitels beschrieben habe: mit Lob und Belohnung für richtiges Verhalten.

Achtung, Sackgasse!

Eins ist ganz wichtig: Bestrafen Sie niemals Ihre Katze, wenn sie nicht ordentlich auf ihr Kistchen geht. Nicht einmal dann, wenn Sie sie auf frischer Tat ertappen. Jede Strafe steigert nur ihre Unsicherheit. Sie fühlt sich noch stärker gestreßt und bedroht, und all das verschlimmert die Sache nur. Schließlich traut sie sich überhaupt nicht mehr, ihr Geschäftchen zu erledigen, wenn Sie irgendwo in Sichtweite sind, und schon können Sie sie nicht einmal mehr belohnen, wenn sie es richtig macht.

Erinnern Sie sich noch an Robert, den Kater, der tanzen gelernt hat? Katzen lernen am leichtesten, wenn man sie für gutes Benehmen lobt und belohnt.

4. Zerfetzte Sessel – glückliche Katze?

Katzen klettern und kratzen gern – genauer gesagt, sie müssen kratzen. Es hält ihre Krallen in Ordnung, trainiert Pfoten und Muskeln und markiert überdies das Territorium: Katzen haben Drüsen an ihren Pfötchen, und beim Krallenschärfen hinterlassen sie mit den sichtbaren Markierungen auch Duftmarken.

Freilaufende Katzen haben Lieblingskratzstellen, häufig einen bestimmten Baum. Zu diesem kehren sie immer wieder zurück, teils aus Gewohnheit und teils, um die Markierungen aufzufrischen. Auch Katzen, die nur in der Wohnung leben, entwickeln derartige Neigungen. Leider dann vielleicht für Ihren Stereolautsprecher oder Ihre Gardinen.

Diese Vorliebe für eine bestimmte Stelle zum Krallenschärfen kann man nutzen. Angenommen, sie benutzt dazu Ihre Couch. Schieben Sie diese also jetzt vorübergehend einfach woanders hin. Der Kratzbaum kommt nun genau dahin, wo sich die Stelle an der Couch befunden hat, an der Ihre Katze immer die Krallen geschärft hat. Während der Katze das Kratzen an der Couch verleidet wird, lehren Sie sie gleichzeitig, den Kratzbaum zu benutzen. Bedecken Sie die Stelle des Sofas, die zum Krallenschärfen gedient hat, mit etwas, das Ihre Katze nicht mag, vielleicht Aluminiumfolie oder Klebeband. Katzen mögen es nicht besonders, wenn ihre Krallen hängen bleiben, deswegen kann man auch Mull nehmen. Eine weitere Möglichkeit wäre ein Handtuch, das einen Duft trägt, der Ihrer Katze unangenehm ist, zum Beispiel Citrus oder Menthol. Verwenden Sie irgend etwas, von dem Sie wissen, daß Ihre Katze es nicht mag.

Der Himmel stürzt ein

Die meisten Katzen reagieren auch gut auf plötzliche laute Geräusche. Diesen Umstand können Sie sich zunutze machen: Füllen Sie ein paar Pfennigstücke in eine leere Cola-Dose. Es macht einen Höllenlärm, wenn man eine solche Dose schüttelt oder runterwirft, und erschreckt selbst die tapferste Katze. Binden Sie mit einer Schnur ein paar solcher Dosen aneinander und befestigen Sie das Ganze dann da, wo Ihre Katze normalerweise ihre Krallen wetzt. Wenn sie dann beim Krallenschärfen an der Schnur zieht, fallen die Dosen mit großem Getöse herunter und vertreiben sie. Bei den meisten Katzen wirkt das so gut, daß sie nie wieder an dieser Stelle kratzen oder sich überhaupt in ihre Nähe wagen. Bauen Sie Ihren Apparat aber trotzdem lieber wieder auf, bis Sie völlig sicher sind, daß die Katze die Nase voll hat. Es gibt Katzen, die glauben es nicht beim ersten Mal und brauchen eine zweite Lektion. Aber vergessen Sie nicht, ihr gleichzeitig beizubringen, wie sie den Kratzbaum zum Krallenschärfen benutzen soll. Die wenigsten Katzen benützen so ein Ding ganz von selbst. Man muß es ihnen zeigen.

Mit Speck fängt man Mäuse!

Zwingen Sie sie aber keinesfalls an den Kratzbaum. Manche Leute nehmen die Pfoten der Katze in die Hand und kratzen dann damit am Kratzbaum. Katzen hassen jeden Zwang: Sie wehren sich dagegen und gegen jeden, der Zwang ausübt. Überlisten Sie Ihre Katze und verführen Sie sie dazu, dann hält sie es für ihre eigene, aufregende Idee.

Nehmen Sie also eins ihrer Lieblingsspielzeuge und ziehen Sie es an einer Schnur hinter sich her. Sobald sie begeistert hinterherjagt, ziehen Sie es einfach am Kratzbaum hinauf. Die Katze wird in ihrer Jagdlust hinterherklettern und merkt zwangsläufig, wie gut sich so ein Kratzbaum anfühlt. Loben und belohnen Sie sie, und ermuntern Sie sie dazu, in der Nähe ihres Kratzbaums zu spielen. Wenn am Kratzbaum Sitzflächen und Nester angebracht sind, kann sie sogar oben auf dem Baum sitzen. Katzen, die bestimmte Gerüche wie zum Beispiel Baldrian oder Katzenminze lieben, kann man damit an und auf den Kratzbaum locken. Besondere Leckerbissen auf den einzelnen Etagen belohnen das Raufklettern noch zusätzlich.

Einfach ignorieren!

Bis Ihre Katze den Kratzbaum wirklich angenommen hat, sollte er zum Mittelpunkt des Lebens werden: das Zentrum ihres Universums. Füttern Sie sie am Kratzbaum, spielen und sprechen Sie hier mit ihr. Gehen Sie sogar so weit, ihr alle Zuwendung zu entziehen, es sei denn, sie sitzt am oder auf dem Kratzbaum. Sie wird bald begreifen, daß der Kratzbaum Glück bringt. Hier passieren die guten Sachen. Diese Methode funktioniert am sichersten, wenn Sie sie ansonsten tatsächlich absolut ignorieren. Als wäre sie unsichtbar, solange sie sich nicht in der Nähe des Kratzbaumes aufhält. Wenn sie kommt, um sich ein paar Streicheleinheiten abzuholen, setzen Sie sich erst neben den Kratzbaum, ehe Sie darauf eingehen.

Wann immer Sie sie jedoch am Kratzbaum sehen, vor allem aber, wenn sie ihre Krallen daran wetzt, sollten Sie großes Aufhebens um sie machen. Zeigen Sie ihr deutlich, wie sehr Sie sich freuen. In kürzester Zeit ist der Kratzbaum der Lieblingsplatz Ihrer Katze, weil sich nur da Gutes abspielt.

Steigern Sie langsam Ihre Anforderungen. Ignorieren Sie

die Anwesenheit Ihrer Katze in der Nähe des Kratzbaums. Sie ist ja sowieso dauernd da. Das allein reicht nun nicht mehr aus. Damit der gute Zauber funktioniert, muß Ihre Katze ab jetzt den Kratzbaum hinaufklettern oder dort die Krallen wetzen. Überschütten Sie sie aber mit Aufmerksamkeit, Zuneigung und Leckereien, wenn sie am richtigen Platz klettert oder ihre Krallen schärft.

Sobald sich das zur festen Gewohnheit entwickelt hat, kann man langsam den Kratzbaum dahin rücken, wo er auf Dauer stehen soll und nicht stört. Aber langsam, wohlgemerkt, damit ihre Hoheit es nicht merkt – ungefähr 10 cm jeden Tag. Das dauert nicht so lange, wie Sie vielleicht denken, und ist allemal besser, als wenn sie auf einmal aufhört, ihn zu benutzen. Wenn der Kratzbaum seine endgültige Position erreicht hat, kann auch die Couch wieder zurück an ihren alten Platz.

Aber selbst wenn Sie das Problem gelöst haben, sollten Sie gutes Benehmen niemals als selbstverständlich hinnehmen. Lassen Sie Ihre Katze wissen, wie sehr Sie es zu schätzen wissen, wenn sie ordentlich ihren Kratzbaum benützt. Schenken Sie ihr zwischendurch immer mal wieder Beachtung oder eine kleine Belohnung, wenn sie es richtig macht. Dann muß sie sich nicht irgend etwas anderes einfallen lassen, um Ihre Aufmerksamkeit zu erregen.

Falls sie doch einmal woanders ihre Krallen wetzt, reagieren Sie am besten scheinbar überhaupt nicht. Eine für die Katze erkennbare, unklare Reaktion Ihrerseits könnte nämlich zweierlei zur Folge haben: entweder sie tut es immer wieder, oder sie macht es nur noch heimlich. Unterbrechen Sie das unerwünschte Verhalten durch einen kleinen Schreck, zum Beispiel ein plötzliches lautes Geräusch oder eine Zeitung, die überraschend geflogen kommt. Dabei darf Ihre Katze jedoch nicht merken, daß Sie dafür verantwortlich sind. Etwas später können Sie sie dann zum

Kratzbaum locken und dort ein bißchen mit ihr spielen.

Geben Sie ihr gar nicht erst die Gelegenheit, an etwas anderem als dem Kratzbaum ihre Krallen zu schärfen oder womöglich so etwas zur Gewohnheit werden zu lassen. Präparieren Sie bei dem leisesten Verdacht eines Rückfalls das entsprechende Möbelstück sofort dagegen!

Schieben Sie das auf keinen Fall auf: Jedes Mal, wenn Ihre Katze es genießt, ihre Krallen irgendwo zu wetzen, steigert das ihre Lust, diese Tat an derselben Stelle zu wiederholen. Je öfter das passiert, desto mehr gewöhnt sie sich daran. Je länger Sie zögern und Änderungen auf morgen verschieben, desto schwerer wird es.

Es lohnt sich, in einem solchen Fall auf die alte Routine zurückzugreifen: Bieten Sie Ihrer Katze Zuwendung, Aufmerksamkeit und Belohnungen wieder ausschließlich am Kratzbaum – nur dort findet sie den Himmel auf Erden.

In der Not kratzt die Katze am Kratzbaum ...

Bei einer außergewöhnlich destruktiven Katze, die durch ihr Krallenwetzen alles in Reichweite zerstört, bietet sich ein »Katzenspielzimmer« als Lösung an. Stellen Sie darin mehrere Kratzbäume auf. In Ermangelung anderer Dinge bleibt der Katze nichts anderes übrig, als die Kratzbäume zu benutzen. So gewöhnt sie sich die Möbel ab, einfach weil keine da sind.

Erst wenn Ihre Katze regelmäßig und zuverlässig ihre Kratzbäume benutzt, darf sie wieder mitsamt den Kratzbäumen aus dem Katzenspielzimmer. Aber bitte wirklich nur dann, wenn Sie auch die Zeit und Energie haben, sich ihr ausreichend zu widmen. Sie müssen auch zunächst einmal die Möbel umstellen. Das ist nur vorübergehend und es lohnt sich.

Die Möbelstücke, die Ihre Katze zum Kratzen mißbraucht hat, müssen umgestellt und mit Abschreckungsfallen präpariert werden. Da, wo die Möbel gestanden haben, werden die Kratzbäume aufgestellt. Die riechen inzwischen nach Ihrer Katze und sind dadurch anziehend für sie. Jedes Familienmitglied muß sich darüber im klaren sein, daß es ab jetzt nur noch dann Futter, Belohnungen, Spiel und Streicheleinheiten geben darf, wenn Ihre Katze am oder auf dem Kratzbaum ist. Innerhalb kurzer Zeit können Sie dann langsam die Kratzbäume dahin stellen, wo es Ihnen lieber ist, und die Möbel können zurück an ihren alten Platz.

Zusammenfassung

1. Geben Sie Ihrer Katze einen Kratzbaum. Lehren Sie sie mit Hilfe von Lob und Belohnung, diesen auch zu benutzen.

2. Präparieren Sie die Gegenstände, von denen Sie nicht wollen, daß sie sie zum Krallenschärfen benutzt, so, daß sie abschreckend wirken. Wenn Sie Ihre Katze an unerwünschten Stellen beim Krallenschärfen erwischen, können Sie sie durch ein lautes Geräusch vertreiben.
3. Sehen Sie von Strafen ab. Strafen können ganz gegensätzliche Folgen haben:
   Sie können einerseits das unerwünschte Verhalten steigern, weil Ihre Katze so Ihre Aufmerksamkeit erregen kann. Andererseits können Strafen bewirken, daß dieses Verhalten nur noch heimlich ausgeübt wird. Wenn Ihre Katze ihre Krallen nur noch schärft, wenn Sie es nicht sehen, können Sie sie nicht belohnen, wenn sie es am richtigen Gegenstand tut. Sie können sie auch nicht mehr erschrecken, wenn sie ihre Krallen am falschen Objekt wetzt. Dann haben Sie keinen Einfluß mehr auf ihr Verhalten, und damit auch keine Möglichkeit, sie zu erziehen.

   Strafen führen fast immer zu einer Verschlechterung oder zu zusätzlichen Problemen, zum Beipiel Unsauberkeit. Schauen Sie sich noch einmal das erste Kapitel genau an und führen Sie sich die Nachteile von Strafen vor Augen.

5. Es ist nicht alles gut, was schmeckt!

Was macht man, wenn Katzen Pflanzen anfressen? Warum sie das tun, darüber gibt es verschiedene Theorien. Eine Mangelerscheinung? Zum Auswürgen von Haarbällen

oder wegen einer Magenverstimmung? Hat sie etwa Magen- und Darmparasiten? Auch hier ist eine Untersuchung durch den Tierarzt der erste Schritt.

Die meisten Katzen, die Pflanzen anfressen, sind zum Glück gesund. Sie tun es aus Gewohnheit und weil es ihnen Spaß macht.

Leider ist es jedoch eine gefährliche Angewohnheit. Je schneller Ihre Katze es wieder läßt, desto besser. Viele Zimmer- und Gartenpflanzen sind für Katzen schädlich. Stellen Sie als erstes fest, ob Sie in Ihrem Haushalt giftige Pflanzen haben. Schaffen Sie diese ab, und auch die, bei denen Sie nicht sicher sind.

Finden Sie das zuviel verlangt? Warum wollen Sie auch

nur das geringste Risiko eingehen, wo es doch wirklich viele schöne ungiftige Pflanzen im Handel gibt? Für Ihre Katze ist es besser und sicherer, wenn keine giftigen Pflanzen im Haus sind. Ihre Bücherei, die nächste Gärtnerei oder Ihr Tierarzt sollten eine Liste der Pflanzen haben, die für Katzen giftig sind.

Aber selbst wenn Sie Ihrer Katze beigebracht haben, Ihre Pflanzen in Ruhe zu lassen: Niemand ist perfekt, auch eine Katze nicht. Ein Fehler, ein einziger Ausrutscher kann sie das Leben kosten. Lassen Sie Ihre Katze erst in die Nähe Ihrer Blumen, wenn Sie wirklich wissen, daß sie ungiftig sind. Es ist es einfach nicht wert, hier einen Fehler zu machen. Sperren Sie entweder Ihre Katze am Anfang in ein Zimmer ohne Blumen, oder sperren Sie die Blumen weg.

Einer Katze, die aber nun einmal gern an Pflanzen herumknabbert, kann man dieses kleine Vergnügen auf die folgende Weise ermöglichen.

Ein Garten für Ihre Katze

Schenken Sie ihr einen eigenen Garten. Viele Tierhandlungen führen Pflanzen und Samen, die sie zu Hause extra für Ihre Katze anpflanzen können. Lehren Sie sie, daß das ihre eigenen Pflanzen sind. Hier darf sie jederzeit knabbern. Vielleicht müssen Sie sie zu Beginn dazu ermuntern, indem Sie diese Pflanzen besonders verführerisch und attraktiv gestalten. Ein bißchen Thunfischöl oder Lachsgeschmack auf den Blättern sollte dazu ausreichen; und natürlich Lob und Belohnung, wenn sie sich an ihrer eigenen Salatbar gütlich tut.

Pfoten weg von meinem Grünzeug!

Sobald Ihre Katze verstanden hat, wozu ihre eigenen Pflanzen dienen, muß sie lernen, die Ihren zufriedenzulassen. Also dürfen Ihre Pflanzen wieder zurück, aber so, daß Ihre Katze in Zukunft lieber nichts mit ihnen zu tun haben möchte.

Fangen Sie mit einer an, die für eine Katze einladend, aber nicht giftig ist. Betupfen Sie die Unterseite der Blätter mit Zitronen- oder einem besonders scharfen Chiliöl. Fast alle Katzen, die ich kenne, mögen diese Öle nicht. Falls das bei Ihrer Katze anders sein sollte, müssen Sie etwas finden, was Ihre Katze überhaupt nicht leiden kann. Besprühen Sie die Oberseiten der Blätter mit verdünntem Parfüm. Eine wässrige Lösung von 1:100 genügt, schließlich soll ja nicht das ganze Haus danach stinken. Der Geruch muß lediglich für die feine Nase einer Katze wahrnehmbar sein.

Diese Pflanze stellen Sie jetzt mitten ins Wohnzimmer und gestatten Ihrer Katze, sie in Augenschein zu nehmen.

Machen Sie das Ganze noch unwiderstehlicher und befestigen Sie an ein paar Zweigen eine Schnur – so können Sie aus der Entfernung damit rascheln. Das alles verführt Ihre Katze zur genaueren Erkundung. Hoffentlich beißt sie auch hinein. Nach diesem Bissen wird sie schnurstracks den Wassernapf aufsuchen. Der Parfümgeruch und der ekelhafte Geschmack sind eine Erfahrung, die Ihre Katze nicht so schnell wiederholen möchte.

Plazieren Sie diese präparierte Pflanze in den nächsten Wochen an allen möglichen Stellen im Haus. Frischen Sie regelmäßig Geschmack und Geruch der Blätter auf. Wiederholen Sie das Ganze mit einer oder zwei weiteren Pflanzen, bis Ihre Katze eindeutig verstanden hat, worum es geht. Wenn das klar ist, dürfen alle anderen Pflanzen wieder zurück, aber besprühen Sie sie vorher mit dem verdünnten Parfüm. Wenn Sie das regelmäßig wiederholen, vergißt Ihre Katze die unangenehme Erfahrung nicht und hält sich von diesen Pflanzen fern.

Bei Katzen, die Blumentöpfe als Katzenklo benutzen, sieht die Sache anders aus. Decken Sie Alufolie über die Erde, vielleicht hält das Ihre Katze davon ab. Lesen Sie aber in jedem Fall noch einmal Kapitel 3.

Zusammenfassung

1. Verbannen Sie aus Ihrem Haushalt alle Pflanzen, die für Ihre Katze gefährlich sind.
2. Bieten Sie ihr Katzengras an. Bringen Sie ihr mit Lob und Belohnung bei, daran zu knabbern.
3. Machen Sie Ihre eigenen Pflanzen für Ihre Katze unattraktiv. Die Pflanze selbst sollte diese Botschaft übermitteln, und nicht Sie. Strafe oder Tadel sind wenig geeignet und verschlechtern die Sache eher. Entweder frißt

Ihre Katze die Pflanzen dann heimlich an, oder sie macht es, um Ihre Aufmerksamkeit zu erregen.

4. Präparieren Sie Ihre Pflanzen regelmäßig. Loben und belohnen Sie Ihre Katze immer wieder, wenn sie sich ihren eigenen Pflanzen widmet.

6. Sie treibt mich zur Weissglut!

Kaum eine Katze ist wirklich hyperaktiv, aber sie haben nun mal eine Unmenge Energie, die sie loswerden müssen. Was Sie für hyperaktiv halten, ist in Wirklichkeit ganz normales Katzenverhalten, macht Sie jedoch wahnsinnig. Eine Katze, die nachts um drei das Toben anfängt und einen vom Schlaf abhält, kann einen wahnsinnig machen.

Katzen sind ursprünglich nachtaktiv, daher ist es ganz normal, daß eine Katze nachts lebendig wird. Katzen würden viel lieber den ganzen Tag schlafen und erst nachts oder am frühen Morgen ihren Geschäften nachgehen.

Wenn Sie also darunter leiden, daß Ihre Katze erst am Abend unternehmungslustig wird, müssen Sie ganz besonders darauf achten, daß Sie sie nicht aus Versehen auch noch obendrein dafür belohnen und so dieses Verhalten weiter verstärken.

Stehen Sie also nicht auf, wenn Ihre Katze morgens um vier auf Ihrem Kopf landet. Spielen Sie nicht mit ihr, und geben Sie ihr auch nichts zu fressen. Andernfalls dauert es nicht lange, und Ihre Katze erwartet das täglich. Sie weckt Sie dann nämlich schon lange vor dem Frühstück, rechtzeitig für einen kleinen Imbiß oder um ein bißchen zu toben.

Stellen Sie lieber den Tagesablauf Ihrer Katze so um, daß er mit Ihrem eigenen übereinstimmt, und verlieren Sie nicht die Geduld. Lassen Sie sie nicht den ganzen Tag schlafen, sondern spielen und tollen Sie mit ihr, besonders am Abend und kurz vor dem Schlafengehen.

Sorgen Sie dafür, daß Ihre Katze vom Spielen so müde ist, daß sie die ganze Nacht durchschläft. Natürlich dauert es eine Weile, bis Sie sie umgestellt haben. Am Anfang wacht sie sicherlich immer noch früh auf, weil sie es gewöhnt ist. Aber mit der Zeit wird sie einfach länger schlafen.

Falls sie Sie immer wieder zu früh weckt, müssen Sie ihr unmißverständlich klarmachen, daß das eindeutig unangenehme Konsequenzen nach sich zieht. Lassen Sie hier keinen Raum für Mißverständnisse. Um ihr den richtigen Eindruck zu vermitteln, können Sie sie mit Wasser ansprühen, einen Luftballon platzen lassen oder sie mit dem Fön anblasen. Auf diese Weise lernt Ihre Katze unmißverständlich, daß Wecken negative Folgen hat. Es mag sich nach einem Riesenaufwand anhören, eine Sprühflasche oder einen Fön morgens um vier in Reichweite zu haben, aber das ist es wirklich wert.

Dieser Gegenangriff führt aber nur dann zum Erfolg, wenn Sie für Unterhaltung am Tag und am späten Abend sorgen. Erwarten Sie nicht, daß Ihre Katze sich selbst den ganzen Tag über beschäftigt und wach bleibt. Das klappt einfach nicht. Bloßes Schimpfen, wenn Sie frühmorgens gestört werden, verschlimmert alles nur und kann weitere störende Verhaltensweisen schaffen.

Reden ist Silber, Schweigen ist Gold

Sie haben eine Katze, die dauernd miaut? Wahrscheinlich haben Sie es ihr aus Versehen höchstpersönlich beigebracht. Offensichtlich hat sie gelernt, immer dann zu miauen, wenn sie etwas will: Futter, Aufmerksamkeit und Zuwendung.

Was zunächst nur der Erregung von Aufmerksamkeit gedient hat, wird zu einer Gewohnheit, die sich verselbständigt. Ihre Katze miaut immer mehr, einfach weil es ihr Spaß macht. Wenn sie sich einsam fühlt oder langweilt, wird es sogar noch schlimmer.

Kümmern Sie sich ab jetzt nur noch um sie, wenn sie den Mund hält. Geben Sie ihr alles, aber nur dann, wenn sie ruhig ist. Nehmen Sie keinerlei Notiz von ihrer lautstarken Erpressung. Werden Sie nicht schwach! Jedesmal, wenn Sie ihrem Lärmen nachgeben, lernt sie dadurch, noch mehr zu miauen. Warten Sie mit Belohnungen, bis sie ruhig ist: Dann wird sie bald den Zusammenhang zwischen Stille und Belohnung begreifen. Es ist nicht leicht, das dauernd im Kopf zu behalten, weil das Miauen nun einmal Aufmerksamkeit weckt. Keiner kümmert sich um eine ruhige Katze, die übersieht man leicht.

Bei einem Hausbesuch fand ich an der Haustür einer Klientin ein Riesenschild mit den Worten: »Bitte leise klopfen!« Die Katzenbesitzerin begrüßte mich im Flüsterton und bat mich, leise zu sein. Auf meine Frage hin erfuhr ich, daß wir andernfalls ihren Kater aufstöbern würden. Der würde dann so lange Krach machen, bis der Besuch wieder weg sei. Dieser Kater hatte gelernt, daß menschliche Zuwendung vom Miauen abhängig war. Er miaute schon, wenn man ihn nur anschaute.

Manche Katzen plaudern gern, und manche Katzenbesitzer hören ihren Katzen auch gern zu. Wenn Sie aber doch einmal einen Augenblick Ruhe haben wollen, dann lehren Sie sie doch einfach, auf Kommando den Mund zu halten.

Bitten Sie sie zunächst mit einem sanften »Psst!« um Ruhe. Wenn sie nicht reagiert, sagen Sie sofort laut und bestimmt »Sei still!« oder sprühen ihr etwas Wasser ins Gesicht. Schon nach wenigen Wiederholungen wird Ihre Katze das verstanden haben. Sie leistet dann lieber einem sanften »Psst!« Folge, ehe sie sich wieder anraunzen oder anspritzen läßt. Aber versuchen Sie es wirklich zuerst auf die freundliche Art. Es wäre nicht fair, wenn Sie sie für das Miauen bestrafen, ohne ihr zuvor klarzumachen, daß Sie die Nase voll haben. Ihre Katze soll ja nicht den Eindruck gewinnen, daß Sie ohne Grund und Vorwarnung ausrasten. Vergessen Sie auch nicht das Lob, wenn sie Ihrem Wunsch nachkommt.

Da wackeln ja die Wände!

Ab und zu verfallen Katzen in Raserei: Sie jagen hinter unsichtbaren Geistern her, flitzen die Wände hinauf, stoßen sich von den Möbeln ab und legen dabei die Wohnung in Trümmer. Sie brauchen einfach ein Ventil für ihre Energie. Besser, Sie helfen ihr, das unter kontrollierten Umständen zu tun, als wenn sie einfach verrückt spielt, wann es ihr ins Konzept paßt. Nehmen Sie sich die Zeit und planen Sie für Ihre Katze Spielstunden. Dann haben Sie zumindest Einfluß darauf, was sich abspielt.

Sorgen Sie für Spaß und vor allem für Aktivität. Für Sie beide kann es sehr lustig und lohnend sein, wenn Sie Ihrer Katze beim Spielen ein paar einfache Tricks beibringen. Dabei kann Ihre Katze sich auch einmal richtig austoben.

Zeigen Sie ihr, wie man apportiert. Befestigen Sie ein Spielzeug an einer Schnur und werfen Sie es quer durch den Raum. Ziehen Sie es langsam wieder zu sich zurück. Schleudern Sie Ihrer Katze nicht einfach ein paar Spielsachen hin und überlassen Sie sie dann sich selbst. Erwarten Sie etwa, daß sie sich an die Gebrauchsanweisung hält und schön damit spielt? Katzenkinder lernen von ihren Müttern, und Sie müssen sich schon auf den Boden bequemen und Ihrer Katze zeigen, wie es geht.

Lehren Sie sie, für einen besonders guten Bissen zwischen Ihnen und einer zweiten Person hin- und herzurennen. Zu dritt macht das sogar noch mehr Spaß. Rufen Sie ihren Namen, zeigen Sie ihr einen Leckerbissen, und entfernen Sie sich von ihr. Die Belohnung hat sie verdient, nachdem sie Ihnen gefolgt ist und mit Ihnen das Zimmer durchquert hat. Nach ein paar Mal brauchen Sie nur noch ihren Namen zu rufen, damit sie angesaust kommt, um ihre Belohnung abzuholen. Versuchen Sie das Ganze auch mal mit der geliebten Spielmaus!

Ziehen Sie zum Beispiel eine Feder oder ein zerknülltes Papier an einer Schnur hinter sich her, und schon geht die wilde Jagd los. In Tierhandlungen gibt es Dutzende von Katzenspielsachen sowie Ideen zum Selberbasteln.

Bringen Sie Ihrer Katze bei, durch einen Reifen zu springen. Zuerst halten Sie den Reifen zwischen Ihre Katze und eine gute Mahlzeit. Um an ihr Futter zu gelangen, muß sie nun den unteren Rand des Reifens überqueren. Dann heben Sie den Reifen jedes Mal ein kleines bißchen höher, langsam und gleichmäßig, so daß sie ihre

Pfoten höher und höher heben muß. Irgendwann ist es dann soweit: Sie muß für ihre Belohnung springen. Auch wenn es nicht sofort perfekt klappt, was soll's? Sie wollen ja schließlich nicht zum Film, oder?

Es geht nicht um Leben und Tod, sondern darum, zusammen mit Ihrer Katze Spaß zu haben. Eine Katze, die keinen Spaß hat, spielt auch nicht mit. Vergessen Sie nicht: der Zweck der Übung besteht darin, daß Sie sehen, was Ihre Katze macht. Gleichzeitig können Sie verhindern, daß sie beim Spielen allzuviel Unsinn treibt. Eine müde, glückliche Katze hat nicht die Energie, nachts, wenn Sie schlafen wollen, verrückt zu spielen oder in Ihrer Abwesenheit Blödsinn zu machen. Lassen Sie die Spielstunde so spät wie möglich am Abend stattfinden, dann haben Sie die Garantie, daß Ihre Katze anschließend auch wirklich tief und lange schläft.

Zusammenfassung

1. Katzen sind Nachttiere. Wenn Ihnen das nicht paßt, müssen Sie den Tages- und Nachtrhythmus Ihrer Katze ändern.
2. Belohnen Sie Ihre Katze nicht aus Versehen, wenn sie Sie aufweckt. Füttern, Spielen und überhaupt jegliche Art von Zuwendung wird als Belohnung empfunden!
3. Spielen Sie regelmäßig mit Ihrer Katze und veranlassen Sie, daß sie aktiv herumtobt. Erwarten Sie nicht, daß sie das von ganz allein macht.

Was immer Ihre Katze auch macht – ob sie nun beim Krallenschärfen Ihren Lieblingsstuhl zerlegt, ob sie Sie nachts um drei weckt, ob sie Ihre Pflanzen zerstört oder in Ihr Bett pinkelt – sie ist absolut davon überzeugt, daß das so

in Ordnung ist. Sie nimmt keinesfalls Rache für irgend etwas.

Unter Umständen versucht sie so, Ihre Aufmerksamkeit zu gewinnen. Vielleicht haben Sie selbst ihr das unabsichtlich beigebracht.

Bestrafen Sie sie nicht dafür, daß sie nun einmal eine Katze ist. Bringen Sie ihr statt dessen die Hausordnung so bei, daß sie sie auch verstehen kann. Dann werden Sie beide zusammen glücklich.

7. Ein Löwe im Katzenfell

Die meisten halten Katzen für süße, warme, harmlose Kuscheltiere. Dabei gerät völlig in Vergessenheit, daß Katzen sehr wohl gefährlich sein können. Manch ein Löwenbändiger legt den Kopf in den Rachen seines Löwen und trägt nicht einen Kratzer davon. Im Gegensatz dazu hat schon mehr als eine Hauskatze ihrem Besitzer schwere Kratz- und Bißwunden zugefügt. Wenn Katzen junge Löwen wären, würden wir sie von Anfang an lehren, uns nicht zu verletzen.

Es stimmt schon, Katzen sind im großen und ganzen domestiziert. Dennoch muß jede einzelne Katze rechtzeitig »gehändelt« (häufig angefaßt) und erzogen werden, damit sie lernt, Menschen weder zu kratzen noch zu beißen.

Katzen beißen und kratzen nie aus reiner Bosheit und

Gemeinheit. Oft passiert das in spielerischem Übereifer. Sie sind Jäger, die Beute machen, und »spielen Jagd«. Sie müssen nicht mehr jeden Tag draußen für ihr Abendessen sorgen, aber die Energie dafür ist immer noch vorhanden. Deshalb üben sie ihre jagdlichen Fähigkeiten im Spiel. Das ist für Katzen einfach normal.

Katzen können eine Beute eine Ewigkeit lang belauern: Sie beobachten, dann schleichen sie sich an, und plötzlich, in einer Explosion von Energie, erwischen sie ihr Opfer.

Oft ist das der Katzenbesitzer. Katzen attackieren mit Begeisterung menschliche Beine; sie fangen Arme, die sich bewegen, und haschen nach zappelnden Fingern; so ungefähr alles, was sich rührt, wird im Spiel erlegt.

Wer bei diesem Spiel falsch reagiert, verstärkt dieses Verhalten ungewollt. Die Katze glaubt, uns macht das Spaß, und tut es immer öfter.

Ach wie so trügerisch sind Katzenherzen!

Nehmen wir einmal an, eine Katze verlangt es nach Streicheleinheiten. Sie hüpft auf Ihren Schoß und gibt das deutlich zu verstehen. Nach einer Weile hat sie genug, kann Ihnen das aber leider nicht in Worten mitteilen: Das war wunderbar, aber jetzt reicht's mir. Sie teilt es auf ihre Art mit: durch Kratzen und Beißen. Wir wiederum tun genau, was sie möchte, und hören mit dem Streicheln auf. Das verstärkt das Verhalten und verschlimmert das Problem.

Ein ganz zarter Katzenbiß: Sie interpretieren das als Zärtlichkeit. Es ist offensichtlich, Ihre Katze will Sie keinesfalls verletzen, also entschuldigen Sie ihr Verhalten und lassen es durchgehen. Im Gegenteil, ich habe mehr als einmal gesehen, wie Herrchen oder Frauchen mit einem Lächeln dieses Verhalten mit einem Kuß belohnt haben. Für die Katze entsteht der Eindruck, man mag, wenn sie beißt. Für eine Katze ist es sehr verwirrend, wenn sie einmal dafür belohnt wird, wenn sie beißt, und beim nächsten Mal setzt es was.

Katzen beißen oder kratzen aus unterschiedlichen Gründen: aus Wut, Angst, Schmerzen oder weil sie sich bedroht fühlen.

Eine Katze, die nicht hochgehoben, in einen Katzenkorb gesetzt und zum Tierarzt gebracht werden möchte, kann sich mit Kratzen und Beißen dagegen wehren. Dieses Pro-

blem kann man weiter verschärfen, indem man eines der beiden folgenden Dinge tut:

1. Der Tierarztbesuch findet nicht statt; die Katze lernt, daß sie mit Kratzen und Beißen ihren Willen durchsetzen kann.
2. Trotz Gegenwehr wird der Plan ausgeführt. Die Katze bekommt immer mehr Angst, fühlt sich noch stärker bedroht und wird zur Verteidigung gezwungen.

Was also ist die Lösung?

Wie kann man einer Katze, die im Spiel kratzt und beißt, klarmachen, daß uns das keinen Spaß macht?

Kätzchen und Katzen lernen im Spiel, wie man sanft miteinander umgeht. Sie fallen übereinander her, kugeln herum und beißen sich gegenseitig, ohne dabei zu grob zu werden; sie benutzen ihre Tatzen, ohne zu kratzen. Wer aus Versehen zu grob wird und einer anderen Katze Schmerzen zufügt, steht plötzlich allein auf weiter Flur: Die andere Katze schreit oder faucht und flüchtet sofort. Nach wenigen Wiederholungen hat auch ein Grobian verstanden: Spielkameraden hat nur, wer sanft ist.

Sie können genau dasselbe tun. Geben Sie einen Schmerzensschrei von sich, wann immer ihr Kätzchen anfängt zu beißen oder die Krallen zeigt; fauchen Sie und gehen Sie kurzerhand weg. Dadurch teilen Sie Ihrer Katze mit, daß Sie nur mitspielen, wenn sie sanft mit Ihnen umgeht. Beachten Sie sie einfach nicht, wenn sie sofort hinterherkommt und weiterspielen will. Durch dieses Verhalten können Sie Ihrer Katze gegenüber wirksam Ihr Mißfallen ausdrücken.

Beenden Sie ein Spiel, ehe Sie blutig gekratzt sind. Hören Sie auf mitzuspielen, sobald Ihre Katze zu grob wird und bevor sie ihre Krallen einsetzt, und nicht erst, wenn Sie schon völlig zerkratzt sind.

Wenn sie ihre Krallen wieder einzieht oder überhaupt ruhiger wird, können Sie weiterspielen – tut sie das nicht, stehen Sie am besten auf und entfernen sich.

Auf diese Weise entgehen Sie Verletzungen, und Ihre Katze lernt von Anfang an, Sie weder zu kratzen noch zu beißen. Sie wird nicht einmal im Traum daran denken, Ihnen auch nur einen Kratzer zuzufügen.

Seien Sie sich jedoch darüber im klaren, daß Ihre Katze gewisse Bedürfnisse hat. Sie braucht ein Ventil für ihre Jagdlust. Wenn Sie also nicht das Opfer sein wollen, bieten Sie ihr besser geeignete Spielsachen und Gelegenheiten zum Austoben an. Ziehen Sie ein Spielzeug an einer Schnur hinter sich her. Soll sie doch lieber das jagen und fangen als Sie. Eine Katze die regelmäßig Spielstunden hat, besitzt weder die Energie noch Lust für Spiele im ungeeigneten Augenblick.

Im sechsten Kapitel finden Sie weitere Vorschläge, wie Sie bei Ihrer Katze für einen Abbau von übermäßiger Energie sorgen können, damit sie sowohl Sie wie auch die Einrichtung verschont.

Immer langsam mit den jungen Katzen

Einer Katze, die beißt und kratzt, weil sie Angst hat und sich bedroht fühlt, sollte man helfen, diese Angst zu überwinden. Eine selbstbewußte Katze, die sich sicher fühlt, muß sich nicht mit Krallen und Zähnen zur Wehr setzen.

Sehr viele Katzen lieben es nicht besonders, wenn man sie hochhebt, sie an sich drückt und am Schwanz oder an den Ohren zupft; das gilt auch für die Kontrolle der Zähne oder das Anfassen der Pfoten. Dieses Verhalten ist für Katzen nicht außergewöhnlich. Ich kenne auch kein Kind, das es gern mag, wenn man seine Ohren saubermacht. Ich kenne übrigens auch nicht einen einzigen Erwachsenen, der gern zum Zahnarzt geht. Dennoch gibt es selten Schlagzeilen wie: Zahnarzt von Patient gebissen!

Bei Katzen ist das anders: Manche würden am liebsten Tierarzt und Besitzer zugleich zerfleischen. Man darf von Katzen einfach nicht erwarten, daß sie alle möglichen Manipulationen ohne Gegenwehr über sich ergehen lassen.

Mit Worten jedoch kann man einer Katze nicht erklären, daß weder das Hochheben noch das Anfassen oder Inspizieren der Pfötchen schmerzhaft ist. Das muß man Katzen lehren, indem man mit ihnen übt. Katzen lernen durch Erfahrung.

Sie müssen Ihre Katze hunderte von Malen hochheben und die Pfoten untersuchen, ohne daß das weh tut. Dann erst ist sie überzeugt und vertraut Ihnen. Nur durch derartige Erfahrungen kann sie lernen, daß es keinerlei Grund zur Aufregung gibt. Im Gegenteil, es kann sich sogar lohnen, wenn man sich anfassen läßt!

Ich selbst hasse den Zahnarzt, auch wenn es nur darum

geht, Zahnstein zu entfernen. Wenn mir aber irgend jemand für jeden Besuch 50 DM anbieten würde, ich hätte die strahlendsten Zähne der Welt!

Sie können Ihrer Katze beibringen, daß es Spaß macht, wenn man sie hochhebt und festhält oder besonders empfindliche Körperstellen berührt. Wenn Sie das alles mit Belohnungen verbinden, freut sie sich sogar darauf.

Als Preis müssen Sie aber natürlich Dinge verwenden, die für die Katze lohnenswert sind. Für eine Katze, die keinen Hunger hat, ist Futter keine wirksame Belohnung. Wenn sie nur ein bißchen Hunger hat, rührt sie für normales, trockenes Katzenfutter kein Pfötchen.

Die Belohnung muß schon aus einem besonderen Leckerbissen bestehen. Für eine Katze könnte das ein saftiges Stückchen Huhn sein. Sie selbst wissen am besten, was Ihre Katze wirklich liebt – nehmen Sie das!

Diesen Leckerbissen bekommt sie aber natürlich nur, wenn sie bei Ihren Übungen brav mitmacht und sich gefallen läßt, was Sie ihr beibringen wollen. So lernt sie schließlich, all das sogar zu genießen, ob es sich nun dabei um Hochheben oder irgend etwas anderes handelt.

Nehmen wir einmal Krallenschneiden: Das kann irgendwann im Leben einmal notwendig werden, zum Beispiel bei älteren Tieren, die ihre Krallen selbst nicht mehr richtig pflegen. Stellen Sie sich vor, Sie haben eine Katze, die jedesmal zum Angriff übergeht, wenn man bloß ihre Pfoten berührt, geschweige denn die Krallen schneiden möchte. Sie soll also lernen, sich das gefallen zu lassen und sogar Gefallen daran zu finden.

Fangen Sie langsam und vorsichtig an. Erwarten Sie nicht, daß Ihre Katze lernt, das Ganze zu genießen, wenn Sie sich plötzlich auf sie stürzen, sie festhalten, ihre Pfote packen, sich schnurstracks ans Krallenschneiden machen und ihr hinterher einen Leckerbissen anbieten.

Der erste Schritt besteht darin, daß Ihre Katze einfach entspannt bleibt, auch wenn Sie ihr Pfötchen festhalten. Dazu hält man der Katze einen leckeren Bissen vor die Nase – einen, bei dem feststeht, daß sie ihn auch liebt –, und bevor sie diesen bekommt, berührt man vorsichtig nur für einen Moment ihr Pfötchen.

Machen Sie das ebenfalls, wenn Ihnen Ihre Katze zum Schmusen auf den Schoß springt oder wenn es ihr nach Spielen zumute ist. Ehe oder während Sie eines dieser Bedürfnisse befriedigen, berühren Sie kurz eine ihrer Pfoten.

Wiederholen Sie das immer wieder, bis Ihre Katze weder Zeichen von Abneigung noch von Widerstand zeigt. Das kann ganz schnell gehen, oder aber sich über Wochen hinziehen, je nachdem, wie empfindlich eine Katze ist.

Als nächstes fassen Sie die Pfote etwas länger an oder reiben sie gar ein bißchen, ehe es die Belohnung gibt. Wenn Ihre Katze sich das gefallen läßt, können Sie die Pfote kurz anheben. Sobald das klappt, halten Sie die Pfote kurz fest und massieren sie leicht. Wenn Sie alles richtig machen, fängt Ihre Katze langsam an, sich zu wundern. »Was hat sie bloß? Verrückt nach meinen Pfötchen? Aber mir soll's unter solchen Umständen recht sein!«

Fast alle Katzen, die ich kenne, melden sich zur Essenszeit. Manche reiben sich am Kühlschrank, andere miauen bei ihrem Futternapf. Wenn Sie die Übung mit den Pfoten lange genug gemacht haben, kann es gut sein, daß Ihre Katze Ihnen ihr Pfötchen hinhält, wenn sie denkt, es ist Zeit fürs Füttern.

Um Ihre Katze an Berührungen zu gewöhnen, die sie nicht mag, können Sie auch folgendermaßen vorgehen: Finden Sie zunächst eine Stelle, an der sie Streicheln und Massieren besonders liebt.

Massieren Sie diese Stelle, bis Ihre Katze ganz locker und entspannt daliegt. Wenn die Pfoten die empfindliche Stelle sind, lassen Sie Ihre Finger jetzt ganz langsam und sanft nach und nach dorthin wandern, kehren jedoch schnell wieder an die geliebte Stelle zurück. Auf diese Weise wird das Berühren und Festhalten der Pfoten langsam Bestandteil der geliebten Massage.

Erst jetzt wird die Krallenschere eingeführt. Nehmen Sie erst nur einen einzigen Zeh, und geben Sie ihr dann etwas, was sie besonders liebt. Eine Kralle pro Tag reicht. Machen Sie dabei auf jeden Fall den Tag über weiter mit dem Pfotenberühren, sonst vergißt Ihre Katze, daß sich das lohnt.

Am wichtigsten ist, auch wirklich langsam vorzugehen. Sobald Sie merken, daß es Ihrer Katze keinen Spaß macht oder daß sie sich wehrt, waren Sie zu ungeduldig und haben zuviel auf einmal verlangt.

Falls Sie richtigen Zwang ausüben müssen und es für die Katze wirklich unangenehm ist, wird es Ihnen kaum gelingen, Ihre Katze zu überzeugen, daß Anfassen keine große Sache ist. Genaugenommen bringen Sie ihr sogar das Gegenteil bei, verlieren so ihr Vertrauen und müssen wieder ganz von vorn beginnen, um das verlorene Vertrauen zurückzugewinnen.

Wie gesagt, Katzen lernen durch Erfahrung. Sorgen Sie also dafür, daß diese Erfahrungen auch erfreulich sind. Langsam und mit Erfolg vorzugehen ist besser, als überstürzt zu handeln und alles zu verderben. Zwang führt bei Katzen einfach nicht zum Ziel.

Auf die beschriebene Art können Katzen an alles gewöhnt werden, was ihnen unangenehm ist. Am besten beginnen Sie mit dem Üben so früh wie möglich: Es ist besser, eine Katze von vornherein mit allem nur Erdenklichen vertraut zu machen, als abzuwarten, bis ein Problem auftaucht. Dann müssen Sie Zwang ausüben, weil sie sich sträubt.

Früh übt sich, was ein Meister werden will

Nun zu einem Problem, das mit Sicherheit irgenwann einmal auf jeden Katzenbesitzer zukommt: Die Katze muß in einen Transportkorb. Unzählige Katzen lassen sich das nicht ohne weiteres gefallen.

Meist verbinden sie es mit dem Tierarztbesuch und kämpfen um ihr Leben, bevor sie sich in ihren Korb setzen lassen. Gewöhnen Sie sie lieber schon jetzt mit Belohnungen und ohne Streß an den Transportbehälter. Warten Sie nicht ab und muten Sie ihr nicht erst dann eine unerquickliche Erfahrung zu, wenn sie wirklich zum Tierarzt muß.

Stellen Sie den Katzenkorb also irgendwo im Haus auf. Lassen Sie Ihrer Katze soviel Zeit, wie sie wünscht. Geben Sie ihr die Gelegenheit, den Korb zu erforschen, rein- und rauszuklettern, wann immer sie Lust dazu hat. Lassen Sie sie ihr Lieblingsspielzeug darin vorfinden. Katzen verstecken sich liebend gern in Schachteln und Taschen, vielleicht erwählt sie den Katzenkorb zu einem Teil ihres Lebens. Irgendwann machen Sie dann einfach einmal die

Tür hinter ihr zu, wenn sie drin ist. Aber nur für eine Sekunde.

Nach und nach darf die Tür dann länger geschlossen bleiben. Füttern Sie sie einige Wochen lang im Katzenkorb bei offener Tür. Später schließen Sie die Tür, während sie frißt. Sobald sie sich wohl fühlt, auch wenn die Tür geschlossen ist, heben Sie den Korb kurz einmal an, während sie drinsitzt. Wiederholen Sie das mehrmals täglich und über mehrere Tage, bis sie sich auch daran gewöhnt hat.

Dann heben Sie den Korb hoch und tragen ihn quer durchs Zimmer. Stellen Sie ihn wieder hin, öffnen Sie die Tür und lassen Sie Ihre Katze heraus, falls sie will. Verlängern Sie das von Mal zu Mal, und verbinden Sie es mit Lob und einer Belohnung im Katzenkorb.

Wenn eine Katze erst einmal gewöhnt ist, im Haus herumgetragen zu werden, geht's im Korb zum Haus hinaus und zum Auto. Das sollte allerdings sehr oft stattfinden, ehe es wirklich ins Auto geht. Erst wenn sie dann auch daran gewöhnt ist, im Auto zu sein, ist es Zeit fürs Autofahren, zunächst nur kurz um den Block. Zu Hause darf sie

gleich wieder aus dem Korb. Das Ganze steigern Sie dann langsam, und schließlich können Sie sogar zum Tierarzt fahren, ohne daß das Ihre Katze im geringsten beunruhigt. Gehen Sie bei der ganzen Sache langsam vor. Jeder Schritt erfolgt erst, wenn Ihre Katze beim vorhergehenden völlig ruhig und gelassen bleibt. Schreien Sie sie nicht an und bestrafen Sie sie nicht, wenn sie Angst zeigt. Trösten Sie sie aber auch keinesfalls. Das wäre in diesem Fall eine Belohnung und könnte das ängstliche Verhalten steigern!

Zusammenfassung

1. Wenn Sie Ihrer Katze beibringen wollen, daß sie nicht beißen und kratzen soll, müssen Sie ihr das auf eine Weise erklären, die sie verstehen kann. Wenn sie beim Spielen zu grob wird, teilen Sie ihr das mit, indem Sie nicht mehr weiterspielen.
2. Finden Sie Wege, wie sie ihre Jagdlust und spielerische Energie so ausleben kann, daß es für Sie erträglich ist. Bieten Sie ihr regelmäßige Spielstunden, in denen sie Spielsachen jagen und fangen kann.
3. Eine Katze, die aus Angst und zu ihrer Verteidigung kratzt und beißt, muß die Erfahrung machen, daß sie dazu eigentlich keinen Grund hat. Lehren Sie sie, daß Ereignisse, die ihr Angst machen, sogar angenehm sein und sich lohnen können.

8. Zusammenraufen

Für alle Lebewesen, ob Menschen, Hunde oder Katzen, sind gelegentliche Auseinandersetzungen normal. Es ist also nicht außergewöhnlich, wenn eine oder mehrere Katzen, die zusammenleben, plötzlich einmal raufen. Es wäre unrealistisch zu erwarten, daß Katzen, die sich kennen, immer und jederzeit hundertprozentig gut miteinander auskommen.

Am besten mischt man sich gar nicht ein. Überlassen Sie es Ihren Katzen, die Angelegenheit zu klären. Was immer Sie selbst tun, macht die Sache meist schlimmer. Katzen, die schon lange zusammengelebt haben, sind meist gut befreundet. Es ist nicht sehr wahrscheinlich, daß jemand versucht, seinen besten Freund umzubringen.

Wahrscheinlich finden ab und zu sowieso kleine Auseinandersetzungen in Ihrer Abwesenheit statt. Dann können Sie ja auch nichts unternehmen. Bis Sie wieder zu Hause sind, ist in der Regel alles wieder in Ordnung. Also überlassen Sie das Ganze am besten ganz den Katzen.

Auch Katzen, die sich gegenseitig sehr mögen, können kurzfristig aneinandergeraten. Katzen sind sehr sensibel, und nicht selten wird ein Kampf durch äußere Umstände provoziert. Eine Katze, die aus dem Fenster schaut, kann durch einen vorbeilaufenden Hund erschreckt werden. Sie macht einen Buckel und faucht in einem Augenblick, in dem zufällig gerade die andere in der Nähe ist. Diese glaubt, das Fauchen der Freundin wäre auf sie gemünzt und faucht zurück. So faucht eine die andere an, einfach weil man sich mißverstanden hat. Ehe man sich versieht, ist jede auf die andere wütend, und keine weiß wirklich, warum. Geben Sie beiden ein bißchen Zeit: Dann lösen die beiden das Problem selbst und sind bald wieder die besten Freunde.

Eine Katze, die vom Tierarzt zurückkommt, riecht anders als sonst. Die daheimgebliebene Katze erkennt so ihre Freundin erst nicht und kann daher reagieren, als ob ein Fremder in ihr Territorium eingedrungen sei. Die Heimkehrerin versteht diesen unfreundlichen Empfang nicht, und reagiert genauso feindselig. Das alles ist normal, und wenn Sie sich nicht einmischen, bringen die Katzen es meist selbst wieder in Ordnung.

Sie können derartigen Kämpfen vorbeugen, indem Sie

die Katze mit einem Duft einreiben, der der Daheimgebliebenen vertraut ist, zum Beispiel mit einem Handtuch, auf dem sie ein paar Tage lang geschlafen hat, oder sonst irgend etwas von ihrem Schlafplatz. Oder Sie nehmen ein Kleidungsstück, das Ihren Geruch angenommen hat. Bei der Begrüßung erkennen beide Katzen einen vertrauten Geruch und fühlen sich dadurch sicher.

Manchmal dauert so etwas länger als zumutbar. Dann kann es erforderlich werden, so vorzugehen, als ob eine der Katzen völlig neu wäre. Richten Sie sich dabei nach der Beschreibung in Kapitel 2.

Es kommt auch gelegentlich vor, daß sich eine Katze überhaupt nicht an eine Neue gewöhnt. Das beruht auf dem grundlegenden Unterschied zwischen der sozialen Struktur von Katzen und Hunden, unseren anderen engen Gefährten. Die soziale Struktur von Hunden ist der unseren ähnlich. Katzen jedoch, die nicht im Hause gehalten werden, können ebensogut als Einzeltiere wie in Gruppen leben. Sie sind physisch und emotional zum Einzelgänger geschaffen. Im Gegensatz zu uns oder zu Hunden brauchen sie zum Überleben keine Gruppe, sondern kommen ganz gut allein zurecht. Sie besitzen sogar Verhaltensweisen, die dazu dienen, anderen Katzen aus dem Weg zu gehen und sich nicht aus Versehen zu treffen.

Uns erscheint das nicht normal, weil wir sozial veranlagt sind. Überdies sind wir von unseren Hunden gewöhnt, daß sie gern andere Hunde und Menschen zum Spielen treffen.

Katzen sind extrem flexibel. Sie können einerseits ganz zufrieden in einer Gruppe leben. Viele Katzen, die die Möglichkeit dazu geboten bekommen, greifen gern zu. Andere wiederum nicht. Auch das zählt zum normalen Katzenverhalten.

Ihre Katze ist nicht unnormal, bloß weil sie lieber allein

lebt und keine anderen Katzen mag. Wenn Sie Ihre Katze für unglücklich halten, weil sie sich mit einer anderen Katze nicht anfreunden mag, rührt das daher, daß wir Menschen unsere Sicht von Glück auf die Katze übertragen. Ich kenne zum Beispiel eine ganze Reihe von Katzenbesitzern mit vier oder fünf verschiedenen Katzen, die sich alle gegenseitig nicht besonders gern mögen. Jede lebt sozusagen in einem Gebiet, das sie selbst zu ihrem Territorium erklärt hat, meist eine Katze pro Zimmer. Damit sind sie zufrieden, und Herrchen oder Frauchen haben akzeptiert, daß diese Katzen nun einmal nicht miteinander spielen oder schmusen. Der Katzenbesitzer spielt mit jeder Katze einzeln, und jede hat selbst alles, was sie braucht: ein eigenes Katzenklo, Spielsachen, Kratzbaum, Schlafplatz und Futternäpfchen.

Manchmal treffen sie sich im Gang: Dann fauchen und spucken sie und flüchten zurück in ihr Zimmer. Das ist normales Katzenverhalten und für die Katzen absolut kein Problem. Die Frage ist, ob es für den Besitzer eines ist.

Katzen, die dauernd kämpfen und sich überhaupt nicht einigen können, die sich gegenseitig wirklich verletzen und nicht nur aggressive Scheingefechte austragen, sollte man allerdings wirklich endgültig trennen. Alles andere führt nur zu unnötigem Streß für die Tiere und für Sie selbst. Wenn Katzen ernsthaft miteinander kämpfen, fangen sie früher oder später auch mit dem Markieren an und werden Ihnen immer mehr Sorgen machen.

Bei vielen Hunden, die Kämpfe austragen, dauert das erfahrungsgemäß nur solange, bis ihre Position in der sozialen Gruppe eindeutig ist. Sie brauchen sich gegenseitig, weil Hunde als Gruppe funktionieren. Sie sind sozial veranlagt. Nach ein paar Kämpfen ist die Situation für gewöhnlich geklärt, und das Leben geht weiter. Bei Katzen geschieht es eher einmal, daß das Kämpfen kein Ende hat.

Die meisten Katzen aber leben ganz gern zusammen und entwickeln enge Bindungen. Sie spielen zusammen und kümmern sich umeinander. Geben Sie ihnen einfach Zeit und Gelegenheit, miteinander ins reine zu kommen. Das gelingt den Katzen meistens und ist die beste Lösung.

9. Was mein ist, ist nicht dein!

Eine Katze, die irgend etwas mit einem unangenehmen Erlebnis verbindet, wird dadurch davon abgeschreckt und versucht, dieser Sache in Zukunft aus dem Wege zu gehen. Abschrecken funktioniert ähnlich wie Aberglauben.

Mit Abschreckungsmaßnahmen sollen Katzen weder verletzt noch gequält werden. Sie dienen nur dazu, der Katze ein bestimmtes Verhalten zu vergällen.

Beispiele

1. Eine Katze, die Kleidungsstücke aus dem Wäschekorb stiehlt, Müll aus dem Mülleimer fischt oder ähnlich unerwünschte Dinge tut, kann man im allgemeinen erfolgreich davon abbringen, wenn man Abschreckungsmaßnahmen ergreift, die ähnlich wie Schreckschüsse wirken.

Befestigen Sie eine Schnur an dem Gegenstand, den Ihre Katze stehlen will. Nehmen Sie aber bitte kein richtiges Futter dafür, sondern lieber ein Stück Küchenrolle, das Sie in etwas getunkt haben, was Ihre Katze gern mag, zum Beispiel Thunfischöl. Sie wollen ja vermeiden, daß Ihre Katze eine wirklich gute Belohnung erhält, falls die Falle nicht richtig funktioniert.

An das andere Ende der Schnur kommt eine leere Bierdose, die Sie mit mehreren Pfennigstücken gefüllt und zugeklebt haben. Wenn man so eine Dose schüttelt, ergibt das ein lautes und sehr unangenehmes Geräusch.

Stellen Sie zwei derartige Schütteldosen ungefähr dreißig Zentimeter voneinander entfernt auf. Auf beide Dosen legen Sie ein Pappstück, auf dem Sie so viele Schütteldosen aufstellen, wie Sie überhaupt unterbringen können.

Bei dem Versuch, den so vorbereiteten Gegenstand zu stehlen, zieht Ihre Katze an der Schnur. Die Schnur zieht die Dose weg, das Pappstück fällt herunter, und sämtliche darauf aufgebauten Schütteldosen kommen hinterher. Das macht einen Höllenlärm, und Ihre Katze denkt, der Himmel stürzt ein. Voraussichtlich wird sie sich nie wieder auch nur in die Nähe eines Gegenstandes wagen, der so präpariert war. In manchen Fällen muß man das Ganze zweimal aufbauen, aber meist ist einmal ausreichend.

2. Sie wollen nicht, daß Ihre Katze auf die Anrichte springt? Bauen Sie einen falschen Rand an die Anrichte. Legen Sie dazu ein Pappstück so auf die Arbeitsfläche, daß es etwa 10 cm über den Rand ragt. Das andere Ende beschweren Sie mit Schütteldosen. Wenn Ihre Katze hochspringt und auf der Anrichte landen will, landet sie versehentlich auf diesem falschen Rand. Die ganze Konstruktion gibt unter ihren Pfoten nach, und alles stürzt ab.

3. Wenn Ihre Katze ihre Krallen an bestimmten Stellen schärft, zum Beispiel an Fensterrahmen, Türen oder ähn-

lichem, dann können Sie es einmal mit aufgeblasenen Luftballons versuchen. Befestigen Sie die Ballons so, daß sie zerplatzen, sobald sie von Katzenkrallen berührt werden. Das laute Geräusch und der plötzliche Luftstoß werden dafür sorgen, daß Ihre Katze voraussichtlich von Luftballons und damit von Türen und Fensterrahmen die Krallen läßt.

4. Für eine Katze, die gelernt hat, sich von Dosen und Luftballons fernzuhalten, ist dann oft schon allein die Anwesenheit eines Luftballons oder einer Schütteldose auf dem Sofa oder der Anrichte ausreichend, um diese Orte zu meiden.

5. Katzen mögen es nicht, wenn ihre Pfoten festkleben. Ein doppelseitiges Klebeband, auf den Tischrand geklebt,

wirkt oft Wunder und hält sie davon ab, auf den Tisch zu springen. So kann man auch Oberflächen, die Katzen zum Krallenschärfen benützen, abstoßend machen.

6. Viele Katzen mögen Alufolie nicht und meiden daher Topfpflanzen und Tische, die entsprechend präpariert sind.

7. Katzen empfinden es als unangenehm, wenn sie mit ihren Krallen hängenbleiben. Netzartige Materialien bewahren daher manchmal Objekte vorm Krallenschärfen.

8. Der Geruch nach Citrus ist Katzen unangenehm. Frische Orangen- oder Zitronenschalen können Katzen von Tabuzonen fernhalten.

Vergessen Sie nicht zur Abschreckung muß man Dinge benutzen, die stark genug wirken, um Katzen auch tatsächlich von einer bestimmten Tätigkeit abzuhalten. Sie sollten jedoch in keinem Fall körperlichen Schaden zufügen können.

Weitere Ideen dazu finden Sie in den Kapiteln über das Pflanzenfressen und Krallenschärfen.

Nachwort der Übersetzerin

Ich kann mir gut vorstellen, wie viele Katzenbesitzer dieses kleine Buch von Gwen Bohnenkamp durchblättern und, angelehnt an Asterix, die Augen gen Himmel wenden: Die spinnen, die Amis!

Es ist wahr, manche dieser Erziehungsvorschläge hören sich wirklich aufwendig und umständlich an. Nur wenig ist für eine normale Hauskatze, die nach draußen darf, von Bedeutung.

Andererseits aber steigt die Zahl der Katzen, die ausschließlich in Wohnungen leben, unaufhaltsam an. Ebenso steigt auch die Zahl von Katzen, die aus irgendeinem Grund plötzlich überflüssig und unerwünscht werden. Es ist nicht so, daß die jungen Kätzchen so schwer unterzubringen sind. Vielmehr denkt nicht jeder daran, daß eine Katze zwischen zehn und zwanzig Jahre alt werden kann. In dieser Zeit kann einfach viel passieren: Trennungen, Krankheiten und Todesfälle der Besitzer können dazu führen, daß Katzen abgeschafft werden.

In vielen Fällen jedoch steckt dahinter, daß eine Katze plötzlich ein unerträgliches Verhalten zeigt und damit ihren Besitzer überfordert. Dafür verantwortlich ist natürlich das zum Teil sehr eingeschränkte Leben einer Wohnungskatze. Wenn dann ein Katzenbesitzer nicht recht weiß, wie er mit verändertem und lästigem Benehmen seiner Katze umgehen soll, führt das nicht selten letzten Endes zum Tod der Katze.

Wir alle leben nicht in den perfekten Lebensumständen, die wir uns wünschen würden. Ich halte es daher auch nicht für eine sinnvolle Lösung, wenn man sich darauf zurückzieht, daß nur freilaufende Katzen ein richtiges und zumutbares Katzenleben führen.

Jeder, der jemals mit einer Katze zusammengelebt hat,

weiß, wie sehr eine Katze das Leben bereichert und wieviel Freude sie machen kann. Inzwischen ist sogar nachgewiesen, daß Haustiere nicht nur ein geliebter Sozialpartner sind, sondern generell einen positiven Einfluß auf die Gesundheit ihrer Besitzer haben.

Es wird langsam Zeit, daß wir nicht nur Nutznießer und Benutzer unserer Katzen sind. Wir sollten endlich sowohl die körperlichen wie die seelischen Bedürfnisse von Katzen respektieren und bewußt die Verantwortung dafür übernehmen, daß diese Bedürfnisse bei einer Wohnungskatze so gut wie möglich erfüllt werden.

Ein Ansatz dafür wäre zum Beispiel, reine Wohnungskatzen nicht einzeln zu halten. Am besten eignet sich ein Wurfgeschwisterchen als Freund und Gesellschaft. Katzen durchlaufen schon ab der zweiten Lebenswoche eine Prägungsperiode, die Einfluß auf das Verhalten im späteren Leben hat. Wer zum Beispiel eine wirkliche Schmusekatze haben möchte, der sollte darauf achten, daß seine Katze aus einer Umgebung stammt, in der sie schon ab der zweiten Lebenswoche täglich regelmäßig angefaßt und längere Zeit mit ihr geschmust worden ist.

Dieses Buch hat den Zweck, mehr Verständnis für die Bedürfnisse von Katzen zu wecken, und auf diese Weise das Zusammenleben zwischen Mensch und Katze noch vergnüglicher und erfolgreicher zu gestalten.

Register

Aus dem Amerikanischen übersetzt von Dr. Renate Jones-Baade, München

Titel der Originalausgabe: »From the Cat's Point of View – the Complete Book on Cat Behavior«, erschienen bei Perfect Paws, San Francisco, California 1991.
ISBN 0-370057-9-2.

Mit 44 farbigen Cartoons von Alexander Holzach, München.

Umschlaggestaltung von Atelier Reichert, Stuttgart, unter Verwendung von 2 Cartoons von Alexander Holzach.

Die Deutsche Bibliothek – CIP Einheitsaufnahme

Bohnenkamp, Gwen:
Was Katzen wirklich brauchen : Tips für ein unbeschwertes Zusammenleben / Gwen Bohnenkamp. Aus dem Amerikan. übers. von Renate Jones-Baade. – Stuttgart : Kosmos, 1997
Einheitssacht.: From the cat's point of view <dt.>
ISBN 3-440-07441-2

Für die deutschsprachige Ausgabe:

Lektorat: Dr. Sandra Frins
Herstellung: Die Herstellung, Stuttgart
ISBN: 3-440-07441-2
Printed in Germany / Imprimé en Allemagne
Satz: Reinhard Amann, Aichstetten
Druck und Bindung: Westermann Druck Zwickau GmbH, Zwickau

Erlebnis Heimtiere

Um Katzen richtig verstehen und umsorgen zu können, müssen wir ihr Wesen und ihre Bedürfnisse kennen. Der bekannte Verhaltensforscher Prof. Dr. Leyhausen beschreibt anschaulich das Verhalten der Katze, ihr Wesen und ihre Kommunikation mit Artgenossen und Menschen.

200 Seiten, 109 Abbildungen
ISBN 3-440-05843-3

Die sanften Heilweisen der Naturheilkunde gewinnen immer mehr an Bedeutung. Naturmedizin kann auch unseren Katzen helfen. Dieser umfassende Ratgeber stellt die Verfahren der Naturheilkunde vor, beschreibt Krankheitsbilder und Behandlungsmöglichkeiten.

320 Seiten, 50 Abbildungen
ISBN 3-440-06597-9

kosmos

Bücher • Videos • CDs • Kalender

zu den Themen : Natur, Garten- und Zimmerpflanzen, Astronomie, Heimtiere, Pferde, Kinder- und Jugendbücher, Eisenbahn/Nutzfahrzeuge

Erlebnis Heimtiere

Immer wieder zeigen Katzen Verhaltensweisen, die wir nicht verstehen oder Unarten, die wir ihnen abgewöhnen möchten – Kratzen an Möbeln, Ängstlichkeit, Gardinenklettern. Brian Kilcommons und Sarah Wilson zeigen auf, wie es zu solchen Problemen kommen kann und geben erprobte Ratschläge, um dieses Verhalten zu ändern.

333 Seiten, 92 Abbildungen
ISBN 3-440-07292-4

Katzen machen Menschen glücklich. Und die Katzen selbst sind glücklich, wenn ihre Menschen ihnen geben, was sie wirklich brauchen. Dieses Buch schildert das Leben und Verhalten der geheimnisvollen Samtpfoten, zitiert Mythen und Märchen, Kunst und Literatur.

190 Seiten,
295 Abbildungen
ISBN 3-440-07157-X

kosmos

Bücher • Videos • CDs • Kalender

zu den Themen : Natur, Garten- und Zimmerpflanzen, Astronomie, Heimtiere, Pferde, Kinder- und Jugendbücher, Eisenbahn/Nutzfahrzeuge